Petite anthologie spirituelle pour réenchanter le quotidien

24/11

Anne Ducrocq

Petite anthologie spirituelle pour réenchanter le quotidien

Albin Michel

« Les hommes n'ont pas besoin d'autre chose en ce monde
que d'autres hommes capables de faire attention à eux ;
chose très rare, très difficile, c'est presque un miracle. »

Simone Weil

À tous ceux à qui les mots font défaut,
à mon père, à ma mère.
À tous ceux qui ont pris le chemin
de l'attention à l'autre

« Les soleils sont des milliers »

Un hibiscus se replie pour la nuit ? Un soleil s'éteint ? Une aube se lève, un épi de blé perce la terre, un miracle arrive.

Ici, on se rebelle, encore et toujours blessé. Le ciel est bas, les relations sont instables, le moment présent semble manquer de densité, de chair. On voudrait tant allumer la nuit, brûler ce qui doit l'être pour pouvoir semer et espérer à nouveau.

Là, on rebondit, subitement éclairé. La vie se répand, brute, contagieuse, toujours neuve. Une situation se retourne, un regard inattendu réchauffe, un plaisir insoupçonné affleure. On sent la peau et le pouls du monde, on en fait partie, toujours imparfait mais enfin agrandi.

Une cordée humaine est en marche, tombe, se relève et apprend parfois, dans ce creuset brûlant, à tendre la main aux compagnons de chemin.

Je n'avance pas sans toi.

Une cordée humaine se lance à l'assaut de l'ordinaire, de sa beauté, elle ose la confiance et assume la peur, elle entre en relation et réenchante l'ordinaire des jours.

Tu n'avances pas sans moi.

Cela fait des siècles que des hommes et des femmes, philosophes, thérapeutes, mystiques, écrivains, poètes, anonymes, se penchent sur le quotidien et trouvent les mots pour dire son poids, mais aussi sa saveur et son ambition. Ils ont ainsi écrit des textes refuges qui, à un moment de notre vie, peuvent nous aider à traverser le jour quand il est terne, difficile, voire inhumain. Nous avons tous besoin de ces textes compagnons pour nous aider à renouveler notre regard, à nous interroger et à grandir.

De l'instant, face-à-face sacré, espace du dedans, il n'y a rien à craindre : la vie nous a attendus, nous attend, nous attendra.

Car, que nous le voulions ou non, que nous le sachions ou non, seuls et ensemble, nous avançons.

La vie a déjà gagné. Le jour et mon âme qui se lèvent me le disent.

« Tu dis qu'au firmament il n'y a qu'un seul soleil
Mais moi je dis que les soleils sont des milliers. »

Angelus Silesius

I

La voie de la vie quotidienne

Le quotidien est souvent vécu comme une épreuve : s'inscrire dans l'ordinaire, « tenir » au jour le jour, manquer de tant de choses, en affronter tant d'autres... Nous ployons trop souvent sous le poids du quotidien comme sous un fardeau qui n'est pas à notre mesure.

Sans une philosophie du quotidien qui suit un art de vivre, sans une acceptation de l'ordinaire des jours et de son « presque rien », sans une manière d'habiter le monde, d'être présent au monde, homme parmi les hommes, comment s'émerveiller ? Comment affronter le réel et commencer à construire un chemin de vie ? Comment faire jaillir notre formidable souterraine envie de vivre ?

Nous sommes tous et toujours en chemin. La vie tisse ses éclats de lumière entre banalité, mystère et poésie. Pudique et délicate, elle se mesure au minuscule, à l'invisible.

Les surgissements de la vie – ses pulsions, ses avancées, ses apparents sur-place – ne se mesurent pas avec des mesures d'homme mais avec des mesures d'ange. Ses richesses ne sont pas étalées. Elles s'offrent, discrètes, à ceux qui soulèvent le voile apparent du poids des jours, à ceux qui aèrent, agrandissent, réinventent l'« anodin ». La vie livre ses secrets à ceux qui savent les appeler à eux.

Elle est dans le duvet d'un rouge-gorge qui se pose sur l'érable devant votre fenêtre, dans un halo parme qui entoure ce soir la lune depuis le vasistas de la grange, sur le pont d'un bateau à l'aube ; elle se faufile dans l'odeur d'une violette, dans le dessin d'un vieux papier peint, dans la respiration apaisée d'une femme aimée qui dort ; elle circule dans le sourire gratuit d'un inconnu dans le métro, dans le rire clair d'un aîné, sous la langue d'un chat qui lèche votre main ou dans le chant du torrent qui aide à s'endormir...

N'avançons pas dans l'habitude du monde mais entretenons ce « sentiment du merveilleux quotidien », comme l'appelle Louis Aragon[1]. Cette lueur d'absolu n'existe qu'intérieurement à l'homme qui le projette

1. Louis Aragon, *Le Paysan de Paris*, Gallimard, 1926.

sur le monde : « Tout peut être miracle et le plus banal fait divers est capable lui-même de devenir un jour Merveilleux, pour peu que notre esprit en soit hanté », promet Michel Leiris[2].

Ainsi chacun a-t-il un quotidien à son image, à son échelle. Réenchanter le quotidien est une direction, un cap. Un choix.

---

2. Michel Leiris, « Essai sur le merveilleux dans la littérature occidentale », in *La Règle du jeu*, Gallimard, « Bibliothèque de la Pléiade », 2003.

La beauté de l'ordinaire

Pourquoi avoir peur de la profondeur de nos gestes tant de fois répétés, des visages et des décors que l'on connaît par cœur ? Et si, au contraire, on redoublait d'attention ? L'ordinaire des jours, dans son apparent manteau gris lunaire, reflète, comme l'astre de la nuit, la beauté de la lumière.

« À tout moment la vie abonde, ruisselle, irrigue ce quotidien auquel nous ne savons pas nous arrêter. C'est du plus ordinaire que filtre l'eau de la source. »

Charles Juliet

« Je peux vous assurer qu'un pétale de rose est assez solide pour empêcher quelqu'un de rouler au néant. »

Christian Bobin

« Avec un rien de chance, je tombe sur un oiseau-mouche. Ses ailes ont une envergure de six millimètres. Il est lourd comme un grain de blé. Je contemple longtemps, longtemps, ce minuscule, jusqu'à me représenter tout ce qu'il contient : un cœur avec des diastoles et des systoles, des nerfs, un estomac, une cervelle, des capteurs d'odeurs et de couleurs, de l'enfance ou de la vieillesse, des yeux extasiés ou tristes selon les moments du ciel, des plumes, des reflets, de l'ouïe, des désirs sexuels, des éblouissements, des chagrins, des mémoires de fleurs et des peurs de mourir. Cette leçon vaut bien un Graal, sans doute ! »

Gilles Lapouge

« Mon bonheur, c'est la voie de la vie quotidienne
L'antre dans les rochers et les lierres brumeux…
Sauvages émotions et liberté sans frein,
Je fainéante avec mes amis les nuages ! »

Han-Chan

« Les petites choses n'ont l'air de rien mais elles donnent la paix. »

Georges Bernanos

« Si l'on a des fleurs, nul besoin de Dieu. »

Fernando Pessoa

« La beauté devant moi fasse que je marche
La beauté derrière moi fasse que je marche
La beauté au-dessus de moi fasse que je marche
La beauté au-dessous de moi fasse que je marche
La beauté tout autour de moi fasse que je marche. »

Klédze Hatal, chant navajo

« Chaque matin le soleil se lève et, tant qu'il se lèvera, je me tiendrai debout, avec lui, avec tout, pour prier... »

Jean-Yves Leloup

« Aimer le plus banal : le ruisseau qui ruisselle. »

Salah Stétié

« Depuis lors, je mène une existence que vous aurez du mal à concevoir, je le crains, tant elle se déroule hors de l'esprit, sans une pensée ; une existence qui diffère à peine de celle de mon voisin, de mes proches et de la plupart des gentilshommes campagnards de ce royaume, et qui n'est pas sans des instants de joie et d'enthousiasme.

Il ne m'est pas aisé d'esquisser pour vous de quoi sont faits ces moments heureux ; les mots une fois de plus m'abandonnent. Car c'est quelque chose qui ne possède aucun nom et d'ailleurs ne peut guère en recevoir, cela qui s'annonce à moi dans ces instants, emplissant comme un vase n'importe quelle apparence de mon entourage quotidien d'un flot débordant de vie exaltée.

Je ne peux attendre que vous me compreniez sans un exemple et il me faut implorer votre indulgence pour la puérilité de ces évocations. Un arrosoir, une herse à l'abandon dans un champ, un chien au soleil, un cimetière misérable, un infirme, une petite maison de paysan, tout cela peut devenir le réceptacle de mes révélations.

Chacun de ces objets, et mille autres semblables dont un œil ordinaire se détourne avec une indifférence évidente, peut prendre pour moi soudain, en un moment qu'il n'est nullement en mon pouvoir de provoquer, un caractère sublime et si émouvant que tous les mots, pour le traduire, me paraissent trop pauvres. »

Hugo von Hofmannsthal

J'aime éperdument ce passage : il parle de la dimension mystérieuse et tragique, parfois indicible, du bonheur ; de ce bonheur étrange et déstabilisant qui peut surgir dans l'adversité. C'est mon meilleur ami qui m'avait offert le livre d'Hofmannsthal. Quelques mois plus tard, il est mort dans mes bras à la suite d'un accident de moto, dans la poussière du bord de la route, alors que nous faisions un grand voyage dans le sud de l'Europe. Nous avions trente ans l'un et l'autre. À chaque fois que je reprends ce livre, il me semble évidemment que mon ami le lit avec moi, par-dessus mon épaule. Et qu'il est heureux, là où il se trouve. Heureux bien au-delà des mots.

Christophe André, psychiatre, est l'auteur d'une dizaine de livres, parmi lesquels *L'Estime de soi* (écrit avec François Lelord), Odile Jacob, 1999 ; *Vivre heureux. Psychologie du bonheur*, Odile Jacob, 2003 et *Les États d'âme. Un apprentissage de la sérénité*, Odile Jacob, 2009.

S'émerveiller

Il y a tant de beautés dans tout ce qui nous entoure, tant de moments d'éclaircies qui ne dépendent que de notre regard. S'émerveiller est une attitude intérieure, mélange de joie et d'étonnement, qui rend l'instant toujours inédit, à découvrir. S'émerveiller est un art de vivre. Mieux : une condition de la vie. On s'émerveille ou on meurt.

« Émerveille-toi et tu comprendras. »

Hésychius

« Que tes pensées soient émerveillées de sorte que cet émerveillement soit toute ton occupation. »

Djalâl al-Dîn Rûmî

« La splendeur d'un ciel étoilé dans le bleu de la nuit
La magnificence de l'aurore ou du couchant partout dans le monde
La majesté d'un grand fleuve traversant les défilés rocheux et fécondant les plaines fertiles
La montagne haut dressée avec son sommet enneigé, ses pentes verdoyantes et ses vallées fleuries
Une oasis éclose au cœur d'un désert
Un cyprès debout au milieu d'un champ
La superbe course des antilopes dans la savane
L'envol d'un troupeau d'oies sauvages au-dessus d'un lac

Toutes ces scènes nous sont si connues qu'elles deviennent presque des clichés. Notre pouvoir d'étonnement et d'émerveillement en est émoussé, alors que chaque scène, chaque fois unique, devrait nous fournir l'occasion de voir l'univers comme pour la première fois, comme au matin du monde. »

François Cheng

« C'est par défaut d'attention que nous ne nous étonnons pas plus souvent. »

André Gide

« Je m'émerveille, cela signifie : je me bouscule, je bouge, je ne cherche pas à avoir le dernier mot ; cela veut dire que je découvre sans cesse du neuf, que j'arrête de voir le monde et les choses de façon banale, parce que j'ai enfin conscience qu'absolument tout ce que je vis est étonnant. L'émerveillement, ce n'est pas la fusion entre l'idéal, le rêve et la réalité mais entre l'homme intérieur et la réalité. Alors on s'émerveille d'exister, que le monde existe et qu'il y ait une relation possible entre le monde et moi. L'émerveillement élargit la réalité et produit de l'existence nue. »

Bertrand Vergely

« Je suis le secret enfoui dans l'odeur d'herbe fraîchement coupée, dans le houououh du vent s'engouffrant dans le conduit de cheminée, dans les cent mille doigts de l'averse de neige, dans la nacre d'un matin de printemps, dans le message muet d'un alignement de marrons d'Inde, dans la déclivité de la plage et la danse des poux de sable ; je suis ce qui jadis vous rendit vivant, je fus l'instigateur de tous vos émerveillements, de tous vos étonnements, je suis l'unique raison pour laquelle quiconque, jamais, s'aima et aima, je suis le secret qui irrigua chacun de vos secrets d'enfant, je suis l'ange que tout enfant porte en filigrane et que vous avez tué. Je suis vous. »

Stephen Jourdain

Éloge de l'instant

Cet instant unique, dans lequel je suis seul, ou avec toi, porte toujours en lui l'empreinte de cet instant originel et fondateur où, lors de la Genèse, le Créateur se retira pour laisser de la place à sa créature. Et le monde, et l'homme, et la femme, furent. Et Dieu vit que cela était bon. C'est toujours et seulement dans l'instant que l'amour est créateur.

« La pendule, sonnant minuit,
Ironiquement nous engage
À nous rappeler quel usage
Nous fîmes du jour qui s'enfuit. »

Charles Baudelaire

« Ce que l'on n'a pas su saisir dans l'instant,
Nulle éternité ne nous le rendra. »

Friedrich von Schiller

« Alors je dirais à l'instant qui passe ;
"Arrête-toi, tu es si beau !" »

Johann Wolfgang von Goethe

« Nathanaël, je te parle des instants.
As-tu compris de quelle force est leur présence ?
Instants ! »

André Gide

« Suivre le destin, la respiration du jour, une adhésion totale à l'instant, à l'univers vivant. »

Fabienne Verdier

« Où se trouve la beauté ? Dans les grandes choses qui, comme les autres, sont condamnées à mourir, ou bien dans les petites qui, sans prétendre à rien, savent incruster dans l'instant une gemme d'infini ? »

Muriel Barbery

« Ces rares instants où l'on est heureux de partout. »

Jules Renard

« Ma vie n'est qu'un instant, une heure passagère
Ma vie n'est qu'un seul jour qui m'échappe et qui fuit
Tu le sais, ô mon Dieu ! Pour t'aimer sur la terre
Je n'ai rien qu'aujourd'hui ! »

Thérèse de Lisieux

« L'instant est là, il vous est donné, le mental peut le recouvrir mais ne peut pas vous le voler et c'est cet instant qui est votre chance, qui est la totalité de votre chance et qui est votre seule chance. »

Arnaud Desjardins

« Or tout est bon à vivre, rien n'est médiocre et tout doit être aimé ; même la banalité, parce qu'elle n'existe pas, même l'effort, parce qu'il faut qu'il existe, même les alarmes que nous nous imposons, pour des bénéfices tardifs ou grevés d'incertitude. Notre corps et notre esprit sont à l'œuvre et peinent, mais l'espérance éclaire nos pas mieux qu'elle ne le fait encore de l'horizon. L'avenir, connais pas : nos projets ont déjà commencé, nos promesses ébauchent déjà les figures définitives. C'est tout de suite ou jamais. »

France Quéré

Le temps de vivre

Le temps de vivre, là, tout de suite, exactement avec ce que je suis, avec ce que j'ai ; avec ce qui me manque aussi. Le temps de vivre, en sachant que tout ce dont on a besoin, pas plus, pas moins, est toujours donné.

« L'homme est né pour vivre et non pour se préparer à vivre. »

Boris Pasternak

« Bonjour, dit le petit prince.

– Bonjour, dit le marchand.

C'était un marchand de pilules perfectionnées qui apaisent la soif. On en avale une par semaine et l'on n'éprouve plus le besoin de boire.

– Pourquoi vends-tu ça ? dit le petit prince.

– C'est une grosse économie de temps, dit le marchand. Les experts ont fait des calculs. On épargne cinquante-trois minutes par semaine.

– Et que fait-on de ces cinquante-trois minutes ?

– On en fait ce que l'on veut...

Moi, se dit le petit prince, si j'avais cinquante-trois minutes à dépenser, je marcherais tout doucement vers une fontaine... »

Antoine de Saint-Exupéry

« La vie est trop courte pour qu'on soit pressé. »

Henry David Thoreau

« On vit dans le souvenir et par le souvenir, et notre vie spirituelle n'est, au fond, que l'effort de notre souvenir pour persévérer, pour se faire espérance, l'effort de notre passé pour se faire avenir. »

Miguel de Unamuno

« Ce qui plie reste entier,
courbe se redresse,
est creux se remplit,
s'use se renouvelle. »

Lao-tseu

« Si tu es pressé, fais un détour. »

Proverbe japonais

« Attends-toi seulement au meilleur et vois-le advenir ! Ne t'en prends jamais à quelqu'un d'autre par l'état négatif dans lequel tu te trouves. Tu es ton propre maître ; il ne dépend que de toi de retourner le tableau et de voir ce qu'il y a de l'autre côté. Si tu choisis de voir le côté sombre de la vie, ne t'attends pas à attirer à toi les âmes qui connaissent la joie de la vraie liberté, car qui se ressemble s'assemble. Tu n'attireras à toi que les âmes qui sont dans le même état. Lorsque tu seras en pleine forme et que l'amour coulera de toi librement, tu attireras tout à toi, car tout le monde apprécie une âme joyeuse. »

Eileen Caddy

« Distinguer le présent,
Le dur, le magnifique,
Du regret du passé
Des nuées du futur
Voir, aimer ce qui est
Ce qui est là, vivant
Présent dans la présence. »

Henry Bauchau

« Il y a du sublime à gaspiller une vie qui pourrait être utile, à ne jamais réaliser une œuvre qui serait forcément belle, à abandonner à mi-chemin la route assurée du succès ! ... Pourquoi l'art est-il beau ? Parce qu'il est inutile. Pourquoi la vie est-elle si laide ? Parce qu'elle est un tissu de buts, de desseins et d'intentions. Tous ses chemins sont tracés pour aller d'un point à un autre. Je donnerais beaucoup pour un chemin conduisant d'un lieu d'où personne ne vient vers un lieu où personne ne va... La beauté des ruines ? Celle de ne plus servir à rien. »

Fernando Pessoa

Le choix de Gregorio Manzur

« Celui qui a vécu
ne vit pas
ne vivra pas.
Celui qui vivra
n'a pas vécu
ne vit pas.
Celui qui vit
n'a pas vécu
ne vivra pas. »

Bouddha

À quatorze ans je me suis révolté contre toutes les idéologies, contre toutes les religions, contre toute autorité. J'ai traîné ma colère jusqu'à mes vingt-cinq ans. Puis, un jour j'ai lu cette phrase de Shakyamuni, celui que l'on nommera plus tard Bouddha.

Le présent était né en moi.

Et ce présent me libérait de la charge du passé, que je traînais comme un sac de culpabilité, d'incertitudes, de honte pour mes émotions, mes désirs, mes sentiments, même les plus purs. En somme, j'ignorais qui j'étais et cet inconnu que j'étais à mes propres yeux me faisait peur, m'obsédait.

Cette citation m'ouvrait la porte de l'instant. Je la répétais régulièrement, surtout avant de m'endormir, car elle agissait librement pendant le rêve. Elle créa en moi un réflexe intérieur qui me ramenait constamment au présent. Le tumulte des pensées, des émotions qui m'assaillaient céda la place, progressivement, à une sensation de plénitude ; les personnes, les arbres, le ciel étoilé, les rivières, tout devenait inédit. Toujours à découvrir. Et voilà qu'à présent, je suis en paix avec mon passé, je laisse le futur devenir cet instant pendant lequel j'écris ces lignes.

Gregorio Manzur est écrivain et professeur de tai-chi réputé. Il a publié, aux Éditions Albin Michel, *Les Mouvements du silence* en 2006 et *L'Art du combat avec son ombre. L'esprit du Chigong et du Tai-chi* en 2010.

Accepter ce qui vient

Pourquoi chercher ailleurs ? Tout est donné ici et maintenant. Il n'y a qu'à étreindre l'instant qui vient de nous choisir… Si seulement nous faisions confiance à l'intelligence et à la bonté de la Vie…

« Accepte tes maux, mais accepte-les sans y penser. Nous ne sommes pas plus dans l'événement qui nous atteint que l'heure n'est enfermée dans le sablier qui mesure. »

Joë Bousquet

« Aujourd'hui et depuis longtemps, je ne suis jamais vraiment déçue, ni étonnée ; je n'attends rien et j'ai appris, peu à peu, à tout simplement accepter ce qui vient. »

Marie-Madeleine Davy

« Fais-toi capacité, Je Me ferai torrent. »

Parole de Jésus à Catherine de Sienne

« Être différent de ce que l'on est [...] est le désir le plus néfaste qui puisse brûler dans le cœur des hommes. Car la vie n'est supportable qu'à condition de se résigner à n'être que ce que nous sommes vraiment. »

Sándor Márai

« Ne demande pas que ce qui arrive arrive comme tu désires, mais désire que les choses arrivent comme elles arrivent, et tu seras heureux. »

Épictète

« Ô monde, tout me convient de ce qui peut convenir à ton harmonie ; rien n'est pour moi prématuré ni tardif de ce qui pour toi vient à son temps. »

Marc Aurèle

« Mets les choses à leur place, à la tienne elles te placent. »

Proverbe arabe

« Je ne connais plus d'énigmes : les choses arrivent, voilà l'unique sagesse. »

Robert Musil

« Pour aimer le monde, pour ne pas le confondre avec ce monde imaginaire désiré par moi et auquel je me comparais, ni avec le genre de perfection que mon esprit se représentait, j'ai appris à le prendre tel qu'il est, à l'aimer et à en faire partie... »

Hermann Hesse

« Abba [...] non pas ce que je veux mais ce que Tu veux. »

Marc 14, 36

« La vie est belle et pleine de sens dans son absurdité, pour peu que l'on sache y ménager une place pour tout et la porter tout entière en soi dans son unité ; alors la vie, d'une manière ou d'une autre, forme un ensemble parfait. Dès qu'on refuse ou veut éliminer certains éléments, dès que l'on suit son bon plaisir et son caprice pour admettre tel aspect de la vie et en rejeter tel autre, alors la vie devient en effet absurde; dès lors que l'ensemble est perdu, tout devient arbitraire. »

Etty Hillesum

« L'imperfection est la cime. »

Yves Bonnefoy

« Le cœur même de l'expérience, c'est accepter ce qui est, au moment présent.

Il y a deux stades dans la compréhension. D'abord voir ce qu'il y a et l'accepter. Ensuite, si vous voulez connaître le pourquoi, vous pouvez essayer d'approfondir la question. Mais aussitôt que vous avez accepté le fait, tel qu'il est, c'est terminé, votre ego disparaît sur-le-champ.

Accepter consiste non seulement à dire "oui" à ce qui est ici et maintenant, mais aussi à ce qui va arriver. »

Svâmi Prajnânpad

Dire oui à la vie

Oui. Oui à la main tendue comme à l'événement qui me prend à contre-courant. Oui. Oui au réel. C'est moi, ici et maintenant, que je dois transformer. Oui, tout ce qui approche de ma peau, de ma vie, tout ce qui EST*, est un outil sur mon chemin de vérité.*

« Confiez-vous toujours davantage à tout ce qui est difficile et à votre solitude. Pour le reste, laissez faire la vie. Croyez-moi, la vie a toujours raison. »

Rainer Maria Rilke

« Admettons que nous disions oui à un seul et unique moment, nous aurons ainsi dit oui non seulement à nous-mêmes, mais à toute existence. Car rien n'est isolé, ni en nous-mêmes ni dans les choses. Et si, même une seule fois, le bonheur a fait vibrer et raisonner notre âme, toutes les éternités étaient nécessaires pour créer les conditions de ce seul événement et toute l'éternité a été approuvée, rachetée, justifiée, affirmée dans cet instant unique où nous avons dit oui. »

Friedrich Nietzsche

« Qu'ordonnez-vous qu'il soit fait de moi ?
Donnez-moi la mort, donnez-moi la vie :
Donnez-moi santé ou maladie,
Honneur ou déshonneur donnez-moi
Donnez-moi la guerre, ou une paix accrue
La faiblesse, ou la force accomplie,
Puisque à tout je dis oui. »

Thérèse d'Avila

« Parfois s'impose à moi comme une vision des champs de bataille de la couleur verte d'un poison, je suis auprès des affamés, des torturés, des moribonds, chaque jour ; mais je suis aussi proche du jasmin et du morceau de ciel derrière ma fenêtre. Dans une vie, il y a place pour tout. Pour une foi en Dieu et pour une mort misérable. »

Etty Hillesum

« Le bonheur a surtout à voir avec un juste amour de soi et de la vie. [...] Une vie que l'on aime en commençant par s'accepter et s'aimer soi-même tel que l'on est, dans une "amitié" pour soi-même comme l'a prôné Montaigne. Une vie qui doit être appréhendée avec souplesse, dans l'accompagnement de son mouvement permanent, à l'image de la respiration, comme le rappellent les sagesses chinoises. Le meilleur moyen d'être le plus heureux possible, c'est de dire "oui" à la vie. »

Frédéric Lenoir

Rendre grâce

Rendre grâce pour la vie qui circule dans tout, visible ou invisible. Pour la vie qui m'habite et m'attend. Pour ce rendez-vous prodigieux qui nous est proposé : devenir des vivants.

« La terre chante ces jours-ci de bleus, de verts. Elle ne chante pas de bonheur, elle chante d'exister. Elle célèbre l'existence de l'existence. »

Henry Bauchau

« Allez, je ne vous demande rien, mon Dieu ! Vous êtes là, et c'est assez. »

Paul Claudel

« Alléluiah !

Pour le cri de l'oiseau,
Les larmes de l'enfant,
Pour l'élan de mon cœur,
Aux éclats de ta liesse
Et le déferlement
Du fleuve de l'amour

Au désert de mes soifs.

Pour le jour, pour la nuit,
Pour l'amour, pour son fruit,
Pour mes faims, pour ton pain,
Pour mes soifs, pour ton vin,

Alléluiah !

Pour la vive clameur
Sanglante de ma mort,
Proche aux roues de ton verbe,
Et mon élan vers toi,
Au-delà de la mort,
Dans l'éternité de vie ! »

André Chouraqui

« Voilà la pluie qui vient nous bénir. »

Ella Maillart

« Si l'homme bénit, il reconnaît la présence de Dieu dans ce qu'il approche, peu importe ce qui approche. Il faut devenir "oui". En adhérant à ce qui est, je peux entrer en contact avec la profondeur. En adhérant aux vagues, je deviens un avec celui qui vient. J'accède à la profondeur de l'océan. Bénir, c'est engager sa vie. »

Alphonse Goettmann

« Le monde est bon. Je bénirai la vie. »

Arthur Rimbaud

Éloge de la simplicité

C'est au niveau du sol, de l'humus, que poussent les plus belles fleurs, fragiles, mais aussi que jaillissent les plus beaux arbres, noueux et majestueux. Sachons revenir à cette humilité, dans la confiance de ce qui jaillira.

« Simplifiez, simplifiez, simplifiez ! »

Henry David Thoreau

« Plus vous voulez vous élever, plus il faut avoir les pieds sur terre.
Chaque arbre vous le dit. »

Michel Tournier

« Ce qui compte c'est d'être humain et simple. Non, ce qui compte, c'est d'être vrai et alors tout s'y inscrit, l'humanité et la simplicité. Et quand donc suis-je plus vrai que lorsque je suis le monde ? Je suis comblé avant d'avoir désiré. L'éternité est là et moi je l'espérais. Ce n'est plus d'être heureux que je souhaite maintenant, mais seulement d'être conscient. »

Albert Camus

« J'ai enlevé beaucoup de choses inutiles de ma vie et Dieu s'est rapproché pour voir ce qui se passait. »

Christian Bobin

« La simplicité ne s'apprend pas, elle se découvre, elle se redécouvre, sans cesse. »

Alexandre Jollien

« Ah, comme les plus simples des hommes sont malades et stupides et confus auprès de la claire simplicité et de la toute saine existence des arbres et des plantes ! »

Fernando Pessoa

« Par de petits actes produis de grands effets. »

Lao-tseu

« La beauté réside dans le total abandon de l'observateur et de l'observé, et cet abandon de soi n'est possible qu'en un état d'austérité absolue. Ce n'est pas l'austérité du prêtre avec sa dureté, ses sanctions, ses règles, son obédience ; ce n'est pas l'austérité des vêtements, des idées, du régime alimentaire, du comportement ; c'est celle de la simplicité totale, qui est une complète humilité. Il n'y a, alors, rien à accomplir, aucune échelle à grimper, mais un premier pas à faire, et le premier pas est celui de toujours. »

Jiddu Krishnamurti

Le choix de Jean-Louis Servan-Schreiber

« Où est la sagesse qui s'est perdue en connaissance, où est la connaissance qui s'est perdue en information ? »

T. S. Eliot

« On ne découvre une saveur aux jours que lorsqu'on se dérobe à l'obligation d'avoir un destin. »

Emil M. Cioran

Certains textes ou citations « m'ont porté ». Parmi elles, j'aime me remémorer ces deux phrases. J'ai affiché la phrase de T. S. Eliot dans mon bureau puisque, journaliste, elle me ramène en cas de besoin à une certaine modestie. La phrase de Cioran est celle que je préfère comme mantra antistress.

J'ajouterai enfin une citation de Roger-Pol Droit qui pourrait me servir d'épitaphe : « Faire face au néant, sans en faire toute une histoire. » Ces textes ne sont pas très longs, car je crois que les idées essentielles de la vie doivent pouvoir tenir sur un ticket de métro.

Jean-Louis Servan-Schreiber est journaliste, directeur de presse. Il a notamment publié aux Éditions Albin Michel *Le Nouvel Art du temps*, 2000, *Vivre content*, 2002 et *Trop vite !*, 2010.

S'asseoir dans le silence

Il y a en nous un point d'inertie et de stabilité originel. S'asseoir. Contacter ce point. Le sentir. L'écouter. Lui laisser progressivement la place, toute la place. Et la confiance se déploie, et la vie, et nous…

« Avant de partir en voyage, les Russes ont une belle coutume. Ils s'asseyent quelques instants en silence. Comme pour apaiser leur souffle, ramasser leur cœur. Fais de même. Assieds-toi, pense à toi, descends dans ton cœur et dans ton corps. La course sera longue, et dans la quête de Dieu le repos précède l'aventure. Un autre repos t'attend, mais pour l'heure n'y pense pas. À présent, cesse de virevolter. Supporte-toi un peu, un tout petit peu, immobile. Aiguise ainsi ton oreille et ton cœur. »

Jean-René Bouchet

« Avoir tout dit
et ne plus rien dire
Accéder enfin au chant
par le pur silence
T'ouvrant là
sans retenue
À l'appel d'un geai
Aux cris des cigales
Au pin jailli de toi
te brisant les entrailles

Sous le ciel uni
Qu'effleure seul
un nuage. »

François Cheng

« Celui qui sait [...] rend grâces tout en se taisant. C'est bien au silence qu'aboutit la démarche conduisant à la libération, du moins à son approche. Celui qui a perçu le silence, ne serait-ce que de très loin, a commencé à visiter un lieu inconnu. [...] Le silence n'est pas vu et il est perçu par l'oreille du dedans. Il n'est pas vu et il devient palpable. Il n'est pas vu et il est possible de le toucher à la façon d'un océan. »

Marie-Madeleine Davy

« Le silence est le cri le plus puissant du monde. »

Rabbi de Gur

« Un brin de silence qui vibre à peine, et qui déjà s'en va : Dieu. »

Sylvie Germain

« Si tu ne trouves pas la vérité là où tu es, où crois-tu donc la trouver ? »

Jack Kornfield

« Lorsque la famille était réunie à table, et que la soupière fumait, maman disait parfois : "Cessez un instant de boire et de parler." Nous obéissions. Nous nous regardions sans comprendre, amusés : "C'est pour vous faire penser au bonheur", ajoutait-elle. Nous n'avions plus envie de rire. »

Félix Leclerc

« Je suis triste chaque fois que je vois une vie dans laquelle l'amour n'a pas réussi à se frayer un chemin. Prends soin de toi. Chaque fois que, en grandissant, tu auras envie de transformer les erreurs en justice, souviens-toi que la première révolution à accomplir se trouve à l'intérieur de soi, la première et la plus importante. Lutter pour une idée sans avoir aucune idée de soi est l'une des choses les plus dangereuses que l'on puisse faire. Chaque fois que tu te sentiras perdue, indécise, pense aux arbres, souviens-toi de leur façon de pousser. Souviens-toi qu'un arbre avec beaucoup de feuillage et peu de racines peut être déraciné au moindre coup de vent, tandis que, dans un arbre avec beaucoup de racines et peu de feuillage, la sève court difficilement. Racines et feuillage doivent pousser dans les mêmes proportions, tu dois être dans les choses et au-dessus, ainsi seulement tu pourras offrir ombre et refuge, te couvrir de fleurs et de fruits quand ce sera la saison. Et puis, quand plusieurs routes s'offriront à toi et que tu ne sauras pas laquelle choisir, n'en prends pas une au hasard, mais assieds-toi et attends. Respire profondément avec confiance comme le jour où tu es venue au monde, sans te laisser distraire par rien, attends encore et encore. Ne bouge pas, tais-toi et écoute ton cœur. Puis, quand il te parlera, lève-toi et va où il te porte. »

Susanna Tamaro

« Rabbi Méir Yehiel, le sage d'Ostrovska, qui fut l'un des génies du judaïsme polonais, était fils de boulanger. Il était connu pour ses silences. Il ne prononçait un mot qu'en cas d'extrême nécessité. Un jour, un étudiant lui demande la raison de cette attitude.

– Je vais t'expliquer. Mon père m'a dit un jour que l'art du boulanger consistait en ceci : "Plus le four reste fermé et plus la chaleur qui s'en dégage est forte." C'est à cela que je pense chaque fois que j'ai envie de parler. »

Rapporté par Victor Malka

S'éveiller à la lumière

Déplier sa main, déplier son cœur, s'ouvrir à l'invitation bouleversante de la vie : tu es né pour prendre la lumière. Et pour la refléter, si tu le veux, tout au long de ce jour qui s'annonce.

« Prenez l'exemple de soleil et lune,
Méditez sur la clarté sans ombre !
Prenez la montagne en exemple,
Méditez ce qui ne bouge ni ne s'altère !
Prenez en exemple l'océan,
Méditez les profondeurs insondables ! »

Milarepa

« Rêvez pour vous réveiller ! De rêveurs, vous deviendrez éveilleurs. »

Gitta Mallasz

« Le christianisme ne nous demande pas de quitter la terre pour regarder un ciel imaginaire, mais de devenir nous-mêmes ce Ciel, de transfigurer notre vie en laissant transparaître en nous toute la lumière et toute la joie de Dieu. Il ne s'agit pas de nous détourner de la vie, mais d'y entrer, car c'est avant la mort que nous risquons d'être morts si nous refusons de faire de notre vie une création continuelle de grâce et de beauté. Il ne s'agit donc pas d'apprendre à mourir, mais d'apprendre à vaincre la mort et de devenir une source jaillissante de vie éternelle au cœur de chacune de nos journées. »

Maurice Zundel

« On ferme les yeux des morts avec douceur.
C'est aussi avec douceur qu'il faut ouvrir les yeux des vivants. »

Jean Cocteau

« Les saints sont ceux qui vivent, éveillés, la beauté et l'amour que les autres n'entrevoient qu'en songe... »

Gustave Thibon

Cheminer vers soi-même

Que cela fait peur de partir vers cet inconnu que nous sommes, vers ce presque étranger dont on pressent la hauteur, la longueur, la largeur et la profondeur. Nous sommes promesse d'Être. Tenons-la.

« Le soleil n'est jamais aussi beau qu'un jour où l'on se met en route. »

Jean Giono

« Cet arbre qui emplit les deux bras
est né d'un germe infime.
Cette tour de neuf étages
A surgi d'une motte de terre.
Un voyage de mille lieues
Commence au premier pas. »

Lao-tseu

« Les choses extérieures ne dépendent pas de moi ; ma volonté dépend de moi. Où chercher le bien et le mal ? En moi-même, dans ce qui est mien. »

Épictète

« Nous sommes des voyageurs. Qu'est-ce que voyager ?
Avancer.
Que toujours te déplaise ce que tu es pour parvenir à ce que tu n'es pas encore.
Avance toujours, marche toujours, ajoute toujours. »

Saint Augustin

« Pour trouver ce que vous voulez, il suffit de voir ce qui vient continuellement sans que vous le cherchiez. C'est cela que vous voulez véritablement. »

Svâmi Prajnânpad

« Chacun a en lui l'image
De ce qu'il doit devenir
Tant qu'il ne l'a pas réalisé
Son bonheur n'est pas parfait. »

Angelus Silesius

« Un homme était tellement absent à lui-même que, chaque matin quand il se réveillait, il ne savait pas où il avait déposé, la veille, ses vêtements. Du coup, il avait peur de se déshabiller avant de se coucher. Il eut un jour l'idée de noter sur un bout de papier l'endroit où il déposerait chacun de ses vêtements. Le lendemain, il les ramassa l'un après l'autre en consultant son bout de papier. Puis il dit : "J'ai retrouvé tous mes vêtements, mais moi-même où suis-je ?"

Et au fond, conclut Hanokh Alexander, nous ressemblons tous, peu ou prou, à cet homme. »

Rapporté par Victor Malka

« Ce n'est pas seulement le monde qu'il s'agit de changer, mais l'homme. D'où surgira-t-il, cet homme neuf ? Non du dehors. Camarade, sache le découvrir en toi-même, et, comme du minerai l'on extrait un pur métal sans scories, exige-le de toi, cet homme attendu. Obtiens-le de toi. Ose devenir qui tu es. Ne te tiens pas quitte à bon compte. Il y a d'admirables possibilités dans chaque être. Persuade-toi de ta force et de ta jeunesse. Sache te redire sans cesse : "Il ne tient qu'à moi." »

André Gide

« Les hommes ne se lassent pas d'admirer les cimes des montagnes, l'ample mouvement des flots marins, le large cours des fleuves, l'océan qui les entoure, la course des astres ; mais ils oublient de s'examiner eux-mêmes. »

Pétrarque

Faire toute chose nouvelle

Tout brille pour peu que l'on sache être dans la gratitude. Tout brille quand on regarde ce que l'on reçoit au lieu de ce qui nous manque… La gratitude pour tout ce qui est reçu en ce moment même ouvre à la Vie.

« L'arbre est devant la fenêtre du salon. Je l'interroge chaque matin. " Quoi de neuf aujourd'hui ?"

La réponse vient sans tarder, donnée par des centaines de feuilles : "Tout". »

Christian Bobin

« Nous sommes toujours dans le commencement des choses, dans l'instant fragile qui contient la puissance de la vie. Nous sommes toujours au matin du monde. »

François Cheng

« Le combat que l'homme mène pour un bonheur futur l'empêche d'être heureux aujourd'hui. Le bonheur de demain n'existe pas. Le bonheur, c'est tout de suite ou jamais. Ce n'est pas organiser, enrichir, dorer, capitonner la vie, mais savoir la goûter à tout instant. C'est la joie de vivre, quelles que soient l'organisation et les circonstances. C'est la joie de boire l'univers par tous ses sens, de goûter, sentir, entendre, le soleil et la pluie, le vent et le sang, l'air dans les poumons, le sein dans la main, l'outil dans le poing, dans l'œil le ciel et la marguerite. Si tu ne sais pas que tu es vivant, tout cela tourne autour de toi sans que tu y goûtes, la vie te traverse sans que tu retiennes rien des joies ininterrompues qu'elle t'offre. »

René Barjavel

« Le bonheur est un oiseau discret. Comme le sommeil ou comme un rêve, il ne viendra pas, sans qu'on ne l'appelle. Étends très doucement la main et il peut se faire qu'il s'y dépose. Saisis-le et il en sera tout intimidé. Chercher à coup de volonté le bonheur n'apporte rien.

Le bonheur n'est pas un objectif à conquérir. C'est une surprise, un don. »

Anselm Grün

« Un homme, vivement intéressé par quelques lectures sur le zen, fait un premier séjour dans un monastère. Dès le deuxième jour, il n'arrête pas de se plaindre. Les raisons ne manquent pas et peuvent se résumer en une phrase : *ce qu'il aimerait qui soit n'est pas ; ce qu'il aimerait qui ne soit pas est* ! La liste de ses lamentations est longue [...]. Lui qui venait au monastère pour trouver la paix intérieure ne ressent qu'agitation, irritation, impatience, révolte. [...]

Au troisième jour de cette épreuve, il est heureux d'apprendre que l'abbé du monastère va le recevoir [...]. Le vieux maître écoute tranquillement l'énoncé des doléances formulées par cet homme. Plein de compassion, souriant, il lui dit : "Cher monsieur, n'oubliez pas d'être heureux !" Touché par ces paroles et ne pouvant cacher son émotion, l'homme remercie le vieux maître de ce "souhait" qui, dit-il, lui met du baume au cœur.

Entendant cela, mais cette fois avec un regard sévère, le Roshi prend la parole : "Cher monsieur, lorsque je vous dis "n'oubliez pas d'être heureux" je ne formule pas un souhait ; je vous donne une instruction !" »

Jacques Castermane

« Je ne cherche pas un paradis, mais une terre. »

Jean-Marie Gustave Le Clézio

« Nous commençons maintenant, mais ne négligeons rien pour commencer toujours. »

Thérèse d'Avila

« Sa propre vie, il faut la jeter à chaque instant devant soi, sur chaque parcelle d'or la jouer, et, à force de dévaloriser en nous tout ce qui nous est donné de précieux, ne transmuerons-nous pas pour je ne sais quelle renaissance tout ce que nous avons ici-bas absorbé de lumière ? »

Joë Bousquet

Être dans le faire

Être dans ce que l'on fait, avec attention et tact. Un peu plus chaque jour. Ne plus chercher à distinguer ce qui est utile de ce qui ne l'est pas, ce qui est agréable de ce qui ne l'est pas. Être et faire, devenir un.

« Personne ne fait davantage que celui qui ne fait qu'une seule chose. »

Ignace de Loyola

« Agis comme plus jamais tu ne pourras agir. »

Elias Canetti

« Nous sommes ce que nous répétons chaque jour. »

Aristote

« Persévérer à chercher davantage la saveur que le savoir, le balbutiement que la rhétorique satisfaite. Persévérer en ces temps de fer à faire crédit à ce qui est fragile, à ce qui vacille, à ce qui fait faillite. Persévérer à avoir foi en chaque homme, à préférer être déçu dix fois plutôt qu'hostile une seule fois. Persévérer à n'investir que dans le sable qui coule entre les doigts et dans les espérances non cotées en Bourse. Persévérer à croire que l'instinct primordial en chaque homme est la vénération et que c'est la répression de ce désir qui rend haineux et fou.

Persévérer à voir Dieu partout. Entre les lignes des slogans, dans les caniveaux des villes et sur les murs des banlieues, à l'entendre dans le braillement des haut-parleurs, dans le crissement des freins et dans le frrrrrt... d'un oiseau envolé.

Persévérer à préférer que la raison me quitte plutôt que l'espoir. Et l'espoir plutôt que l'amour. Persévérer. Pour que la gangrène de l'indifférence ne se propage pas. »

Christiane Singer

« Ce qui vaut la peine d'être fait mérite et exige d'être bien fait. »

Nicolas Poussin

« On vient dire au rabbi hassidique Mendel de Kotzk : "Vous savez que tel étudiant, depuis son récent mariage, veille à appliquer les commandements de la Torah !

– C'est parce qu'il a vu que le commandement *Croissez et multipliez* est, tout compte fait, d'une application très agréable. Il doit sans doute imaginer que les autres commandements le sont également !" »

Rapporté par Victor Malka

« La liberté ne consiste pas à faire ce qu'on veut mais à vouloir ce qu'on fait : méditez bien cette formule [...]. Vouloir ce qu'on fait, c'est-à-dire en prendre la responsabilité. »

François Varillon

« Souviens-toi, ne l'oublie jamais : il faut se comporter comme un prince devant le travail ! »

Philolaos Tloupas

Il peut nous arriver d'entendre un jour quelques mots, de lire quelques lignes, de voir une image ou une photo et c'est l'ensemble de notre vie qui s'en trouve atteinte voire modifiée. C'est une simple phrase qui a provoqué chez moi un ancrage essentiel et m'a donné, au cours des ans, je le sens aujourd'hui, une cohérence et une fiabilité durables.

Elle me vient d'un ami sculpteur, Philolaos Tloupas, que j'appelais affectueusement Philo. Grec d'origine, il tentait de m'apprendre les gestes essentiels pour tenir un maillet et un ciseau à bois qui devaient faire de moi un apprenti sculpteur suffisamment compétent pour devenir plus tard un créateur.

C'était sa phrase d'accueil, qu'il m'a répétée chaque jour, durant plusieurs mois, en me servant un café trop chaud et très épais, qu'il préparait à mon intention.

Je croyais à l'époque qu'il s'agissait d'une boutade, d'une stimulation destinée à réveiller en moi quelques énergies ou un peu plus de créativité et peut-être d'ambition. J'ai mis des années à saisir toutes les ramifications subtiles de cette phrase.

Parfois cela voulait dire en moi : « Ne baisse pas la tête, fais face, affronte les difficultés. » Ou encore : « C'est toi qui sais ce qui est bon pour toi, ne te laisse pas dévier de ton chemin, avance vers tes propres objectifs... » D'autres fois : « La matière est à ton service, ne te laisse pas dominer par elle ! » D'autres fois encore : « Tu es au service de l'œuvre que tu entreprends, mets toute ta foi, ton courage, ta dignité dedans. » Et parfois aussi : « Garde la tête haute, ne courbe pas le dos, sens et ressens chacun de tes gestes, emplis l'espace de ta présence, reste ouvert au surgissement de l'imprévisible, laisse la beauté te rejoindre. » Et plus tard encore : « Tu as des devoirs, ce que tu es, ce que tu fais, ce que tu as découvert, il t'appartient de le mettre à la disposition du plus grand nombre. »

Et aujourd'hui, un demi-siècle plus tard, cette phrase reste encore porteuse d'un message qui me guide chaque jour : « Tu es seul responsable de ce que tu vas faire avec ce qui t'arrive, quoi qu'il t'arrive ! »

Oui, il faut se comporter comme un prince, dans son travail et au-delà, dans chacun des actes de sa vie.

Jacques Salomé, psychosociologue et écrivain, a publié de nombreux ouvrages parmi lesquels, aux Éditions Albin Michel, *Bonjour tendresse*, 1992, *Contes à aimer, contes à s'aimer*, 2000, *Je croyais qu'il suffisait de t'aimer*, 2003.

Rechercher la densité

Vivre, c'est choisir. Choisir de quel côté penchent notre regard, nos désirs, nos forces. Choisir est une posture : celle de prendre ses responsabilités et de peser son poids de vie.

« Une des idées maîtresses de la tradition juive, c'est l'importance de tout, de chaque geste, de chaque mot, de chaque pensée des hommes. Rien n'est indifférent, tout a un poids. Les hommes au fond le savent bien, mais ils veulent fuir cette affolante responsabilité. »

André Neher

« Ce que j'ai connu de plus beau sur terre, ah ! Nathanaël ! c'est ma faim. Elle a toujours été fidèle à tout ce qui toujours l'attendait. Est-ce de vin que se grise le rossignol ? L'aigle de lait ? ou non point de genièvre les grives ? L'aigle se grise de son vol. Le rossignol s'enivre des mois d'été. La plaine tremble de chaleur. Nathanaël, que toute émotion sache te devenir une ivresse. Si ce que tu manges ne te grise pas, c'est que tu n'avais pas faim. »

André Gide

« Vous marchez depuis l'âge de onze mois environ. Mais ce pas, vous ne l'avez encore jamais fait. Ni celui-là. Soyez entier dans ce que vous faites. »

Jacques Castermane

« Regardez, observez, cherchez ! Comme si pour sortir de la mauvaise inquiétude, il s'agissait de se mobiliser intérieurement et de retisser sa propre densité en observant ce qui est donné et qui fait signe vers le donateur, comme les oiseaux du ciel qui font leur métier d'être jour après jour. Plutôt que de se laisser emmener par ce qu'on redoute, l'appel est ici de retrouver la terre sous ses pieds, de se sentir porté par une bonté qui nous offre une portance et une importance. »

Francine Carrillo

« Si je pouvais vivre ma vie à nouveau, j'essaierais dans ma suivante de commettre davantage d'erreurs.

Je ne m'acharnerais pas à être tellement parfait ; je me détendrais davantage. Je serais plus simple que je ne l'ai été ; je prendrais très peu de choses vraiment au sérieux. Je serais moins propre. Je prendrais davantage de risques, entreprendrais plus de voyages, regarderais plus de couchers de soleil, escaladerais plus de montagnes, nagerais dans plus de rivières. Je rechercherais davantage d'endroits où je ne suis jamais allé, mangerais plus de glaces et moins de haricots, aurais plus de problèmes réels et moins de problèmes imaginaires.

Je faisais partie de ces gens qui passent chaque instant de leur vie de manière réfléchie et utile. Bien sûr qu'il y avait aussi des moments pleins de joie ; mais si je pouvais retourner en arrière, j'essaierais de vivre uniquement de beaux moments. Car des fois que vous ne le sauriez pas : c'est de cela que la vie est faite : uniquement de moments ; ne perds pas le maintenant. »

Jorge Luis Borges

« J'ai eu une vie très heureuse, et j'aimerais qu'on puisse en dire autant de chacun de vous. Je crois que Dieu vous a placés dans ce monde pour y être heureux et jouir de la vie. Ce n'est ni la richesse, ni le succès, ni l'indulgence envers soi-même qui créent le bonheur.

L'étude de la nature vous apprendra que Dieu a créé des choses belles et merveilleuses afin que vous en jouissiez. Contentez-vous de ce que vous avez et faites-en le meilleur usage possible. Regardez le beau côté des choses et non le plus sombre.

Essayez de laisser ce monde un peu meilleur qu'il ne l'était quand vous y êtes venus et quand l'heure de la mort approchera, vous pourrez mourir heureux en pensant que vous n'avez pas perdu votre temps et que vous avez fait de votre mieux. »

Robert Baden-Powell

S'élancer vers la vie

La vie, c'est comme une jeune fiancée. Il faut savoir l'attendre avec impatience. Il faut courir vers elle et la respecter. Il faut savoir habiller son cœur de fête tous les matins. Le grand jour est toujours pour aujourd'hui.

« Pendant longtemps, tu as peureusement pataugé près du rivage en te tenant à une planche. Je veux maintenant que tu sois un nageur intrépide, que tu plonges dans la mer, que tu remontes à la surface, me fasses un signe de la tête, pousses des cris et secoues en riant tes cheveux. »

Walt Whitman

« Élargis l'espace de ta tente. »

Isaïe 54, 2

« Pendant que l'on attend de vivre, la vie passe. »

Sénèque

« Soyez les poètes de votre vie.
Osez chaque jour mettre du bleu dans votre regard,
et de l'orange à vos doigts,
des rires à votre gorge et surtout, surtout
une tendresse renouvelée à chacun de vos gestes. »

Jacques Salomé

« Délivrer les sources
célébrer les silences
et leur ouvrir les ailes
crier la vérité muette, timide, désarmée,
ameuter les rêves,
marcher sur le fil du jour,
maintenir le cœur sur le cadran solaire,
divulguer l'amitié
créer dans la torsion de l'être,
ravir le secret vital. »

Colette Nys-Mazure

« Sois lance ! Sois lance ! Sois lance ! »

Rainer Maria Rilke

« Sois prêt à t'élancer, mon cœur ! et laisse derrière toi ceux qui doivent s'attarder.

Car ton nom a été appelé dans le ciel du matin. »

Rabindranath Tagore

Danser la liberté

La vie ne donne pas d'ordres, elle n'invite pas à des chemins déjà tracés, à des vies photocopiées. Non ; elle est rythme et nous propose de chahuter avec elle, de chanter et de danser notre liberté.

« Vous êtes libres, non pas d'une liberté qui fait n'importe quoi, mais d'une liberté qui cherche le meilleur. »

François Varillon

« Personne ne clame qu'il se porte bien et qu'il est libre, pourtant c'est ce que devraient faire tous ceux qui connaissent cette double bénédiction. Rien ne nous dénonce davantage que notre incapacité à hurler nos chances. »

Emil M. Cioran

« Danse !
Frappe des mains !
Fais surgir la mélodie
Fais éclater le présent !
Découvre les miracles de l'aube
Fracturant la noirceur de la nuit.
Fais danser les lettres,
Les voyelles amoureuses
De lointaines consonnes.
Fais danser les mots pour qu'ils
Deviennent des oiseaux.
Écris le chant joyeux de la guérison,
Le chant précieux de la délivrance.
Ainsi tu te souviendras de ton futur. »

Rabhi Nahman de Braslav

« Si tu désires être révélé, tu dois danser nu au soleil ou porter ta croix. »

Khalil Gibran

« À esprit libre,
Univers libre. »

Koan

« Légèreté de l'oiseau qui n'a pas besoin pour chanter de posséder la forêt, pas même un brin d'herbe. »

Christian Bobin

« La vérité vous rendra libres. »

Jean, 8, 32

« Pour l'homme, la grande merveille est d'être en vie. Pour l'homme, comme pour la fleur, la bête ou l'oiseau, le triomphe suprême, c'est d'être le plus parfaitement, le plus vivement vivant. Quoi que puissent savoir les morts et les non-nés, ils ne peuvent rien connaître de la beauté, du prodige d'être en vie dans la chair. Que les morts apprêtent l'après, mais qu'ils nous laissent la splendeur de l'instant présent, de la vie dans la chair qui est à nous, à nous seuls et seulement pour une fois. Nous devrions danser de bonheur d'être vivants et dans la chair, d'être une parcelle du cosmos vivant incarné. »

David H. Lawrence

Hymne à la vie

Je suis émerveillée de ce don, de ce que nous sommes appelés à en faire. J'ai des larmes de joie aux yeux de cette sève qui circule en cordée humaine. Je te donne la vie, tu me la donnes. Dans une maternité biologique, mais aussi dans une traînée lumineuse d'amour, de patience, de confiance.

Je te donne la vie, tu me la donnes. Dans les attentions cachées, dans les étreintes des yeux, dans les mots justes qui, à temps, consolent, rassurent ou grandissent. Nous vivons ensemble.

« Debout ! Pourquoi pleurer ce monde humain qui passe ?
Vis chaque jour dans la gratitude et la joie.
Si l'humanité avait été libérée du sein et de la tombe,
Quand ton tour serait-il venu de vivre et d'aimer ? »

Omar Khayyam

« J'éprouvais le bonheur d'exister. La joie simple d'être au milieu d'un monde si beau. N'être pas grand-chose et beaucoup à la fois : une fenêtre ouverte sur l'univers qui me dépasse, le cadre dans lequel l'espace devient un tableau, une goutte dans l'océan, une goutte lucide qui se rend compte qu'elle existe et que, par elle, l'océan existe. Minuscule et grande. Intense et misérable. »

Éric-Emmanuel Schmitt

« Tout parle. Et maintenant, homme, sais-tu pourquoi
Tout parle ? Écoute bien. C'est que vents, ondes, flammes,
Arbres, roseaux, rochers, tout vit ! Tout est plein d'âmes. »

Victor Hugo

« Je suis mort parce que je n'ai pas le désir.
Je n'ai pas le désir parce que je crois posséder,
Je crois posséder parce que je n'essaye pas de donner ;
Essayant de donner, on voit qu'on n'a rien,
Voyant qu'on n'a rien, on essaie de se donner,
Essayant de se donner, on voit qu'on n'est rien,
Voyant qu'on n'est rien, on désire devenir,
Désirant devenir, on vit. »

René Daumal

« Désirer, désirer désespérément
désirer jusqu'à la douleur et la détresse
jusqu'au grand vide amer
désirer que ce soit autrement
désirer la fin des cruautés
des folies, de la bêtise, de l'abject,
désirer la gaieté, la lumière, la tendresse
avoir si faim, avoir si soif
du monde différent
et de soi-même différent. »

Maurice Bellet

« Depuis cette seconde naissance, tout ce à quoi tu aspirais, mais qui te semblait à jamais interdit, s'est emparé de tes terres : la paix, la clarté, la confiance, la plénitude, une douleur humble et aimante. Parvenu désormais à proximité de la source, tu es apte à faire bon accueil au quotidien, à savourer l'instant, t'offrir à la rencontre. Et tu sais qu'en dépit des souffrances, des déceptions et des drames qu'elle charrie, tu sais maintenant de toutes les fibres de ton corps combien passionnante est la vie. »

Charles Juliet

« Nommer chaque chose à part
    est le commencement de tout
Mais dire ce qui surgit d'entre elles
– à jamais imprévu, insaisi –
C'est
    chaque fois
        re-commencer le monde. »

François Cheng

« Lorsque tu atteindras le cœur de la vie, tu trouveras la beauté en toutes choses. »

Khalil Gibran

II

Vers le meilleur de soi-même

La peur est peut-être l'un des pires ennemis de l'homme. Peur du rejet, peur de l'échec, peur de donner, peur du prix à payer... Son dard nous paralyse. En nous immobilisant et en nous empêchant de suivre le cours de notre rivière, d'aller notre chemin de vivant, la peur est l'ennemie du mouvement, de la vie, elle nous limite. À l'heure de se lancer et d'agir, à l'heure d'avoir foi en nous, confiance en l'autre, la peur disperse nos forces au moment où il nous faut les rassembler. Les uns sont pris à la gorge, les autres saisis aux entrailles.

Physique, elle inonde tout, elle prend notre peau en otage. Son regard est de feu. Mais elle a un vrai point faible : plus que devant le courage, elle baisse les yeux devant ceux qui ont confiance en la vie et en ses projets pour eux...

La rivière a-t-elle besoin de courage pour suivre son cours ? Sans doute pas. Elle virevolte, de caillou en caillou, vers la mer qui l'attend. Telle branche la force à un détour ? Allons ! Tel rocher s'est affaissé et la fait valser à gauche ou à droite ? Dansons !

Malheureusement, nous sommes des eaux de roche qui nous ignorons. Et nous résistons aux aléas de la vie qui nous bousculent. Rien qu'une fois dans sa vie, si l'on essayait l'abandon, la confiance ? Ceux qui y sont descendus nous l'ont raconté : chaque moment de confiance est un big-bang, une création du monde.

Comment être là, dans un grand « Oui » à ce qui est ? Comment accepter ce qui est sans le comparer avec ce que l'on voudrait qui soit ? L'abandon au présent, au réel, fait peur. Osons.

Osons nous abandonner à l'intelligence de la vie qui sait mieux que nous ce qu'il nous faut. Pourquoi refusons-nous cette évidence : la vie est bonté, elle ne nous veut que du bien.

Croire dans la nuit

Les ténèbres nous transforment et mesurent aussi notre ambition à vivre. La lumière n'est pas absente de la nuit, l'espérance n'est pas exclue de nos souffrances.

« Et toujours, dès que je me montrais prête à les affronter, les épreuves se sont changées en beauté. »

Etty Hillesum

« Parce que tu as froid, ce soir,
Ne nie pas le soleil. »

Sabine Sicaud

« Je ressemble aux oiseaux, disait-elle, j'apprends à chanter dans les ténèbres. »

Denis Diderot

« On peut se laisser dépérir dans le manque. On peut aussi y trouver un surcroît de vie. »

Christian Bobin

« Le seul danger serait en effet de se réveiller un jour
Avec une âme qui n'aurait jamais servi,
Une âme ensevelie de précautions,
Soigneusement amidonnée,
Repassée et pliée en quatre,
Mais qui tombe en poussière faute d'usage.
Car ce qu'il y a de pire,
C'est d'avoir une âme habituée,
Une âme tellement encroûtée,
Tellement imperméabilisée,
Que la grâce roule sur elle sans rien mouiller,
Comme des gouttes d'eau sur la toile cirée. »

Paul Baudiquey

« Il n'est pas fou de vouloir vivre et d'entendre au bord du gouffre un léger souffle qui murmure que nous attend, comme un soleil impensable, le bonheur... »

Boris Cyrulnik

« Avance en eaux profondes. »

Luc 5, 4

« Il m'avait toujours semblé que mon existence était saturée de ce que l'on appelle "souffrances", alors que c'est simplement le chemin que prend la vie pour nous rendre uniques. »

Jim Harrison

« Il est en moi un ami qui me console à chaque fois que les maux m'accablent et les malheurs m'affligent. Celui qui n'éprouve pas d'amitié envers lui-même est un ennemi public, et celui qui ne trouve pas de confident en lui-même mourra de désespoir. Car la vie fuse du for intérieur de l'homme et non point de ce qui l'entoure. »

Khalil Gibran

« La vie de l'homme n'est pas une ligne droite sans frottements. L'homme doit bien se cogner à gauche et se cogner à droite afin de trouver sa mesure. Et aussi longtemps que vous ne vous cognez nulle part, vous n'avez pas encore engagé votre moi naturel. »

Karlfried Graf Dürckheim

« Il demandait au Seigneur, non pas de leur enlever leur pauvreté, mais de leur donner la joie avec la pauvreté. »

Éloi Leclerc

« Ne pas s'incliner devant ce qu'on appelle le destin.

Prendre dans l'événement qui nous frappe ce qui est une poussée de force pour nous, pour les autres.

Notre repos, c'est de nous réjouir du bonheur infini de Dieu et, en regardant un peu plus bas, de nous réjouir de nos croix, car par elles nous avons le bonheur de lui prouver notre amour. »

Charles de Foucauld

« L'insignifiance et la futilité qui règnent en maîtres barrent l'accès au réel et à la profondeur. Aussi ai-je gagné la certitude que les catastrophes ne sont là que pour nous éviter le pire. Et y a-t-il pire que d'avoir traversé la vie sans houle et sans naufrage, d'être resté à la surface des choses, d'avoir dansé toute une vie au bal des ombres ? »

Christiane Singer

Le choix de Pascale Senk

« Je n'ai pas eu d'aventures. Il m'est arrivé des histoires, des événements, des incidents, tout ce qu'on voudra. Mais pas des aventures. Ce n'est pas une question de mots ; je commence à comprendre. [...] Enfin je m'étais imaginé qu'à de certains moments ma vie pouvait prendre une qualité rare et précieuse. Il n'était pas besoin de circonstances extraordinaires : je demandais tout juste un peu de rigueur. Ma vie présente n'a rien de très brillant : mais de temps en temps, par exemple quand on jouait de la musique dans les cafés, je revenais en arrière et je me disais : "Autrefois à Londres, à Meknès, à Tokyo, j'ai connu des moments admirables, j'ai eu des aventures." C'est ça qu'on m'enlève à présent. Je viens d'apprendre, brusquement, sans raison apparente, que je me suis menti pendant dix ans. Les aventures sont dans les livres. Et naturellement tout ce qu'on raconte dans les livres peut arriver pour de bon, mais pas de la même manière. C'est à cette manière d'arriver que je tenais si fort.

Il aurait fallu d'abord que les commencements fussent de vrais commencements. Hélas ! je vois bien maintenant ce que j'ai voulu. De vrais commencements apparaissant comme une sonnerie de trompette, comme les premières notes d'un air de jazz, brusquement, coupant court à l'ennui, raffermissant la durée ; de ces soirs entre les soirs dont on dit ensuite : "Je me promenais, c'était un soir de mai." On se promène, la lune vient de se lever, on est oisif, vacant, un peu vide. Et puis tout à coup on pense : "Quelque chose est arrivé." N'importe quoi : un léger craquement dans l'ombre, une silhouette légère qui traverse la rue. Mais ce mince événement n'est pas pareil aux autres : tout de suite on voit qu'il est à l'avant d'une grande forme dont le dessin se perd dans la brume et l'on se dit aussi : "Quelque chose commence."

[...] Et puis tout d'un coup quelque chose casse net. L'aventure est finie, le temps reprend sa mollesse quotidienne. Je me retourne : derrière moi, cette belle forme mélancolique s'enfonce tout entière dans le passé. Elle diminue, en diminuant elle se contracte, à présent la fin ne fait plus qu'un avec le commencement. En suivant des yeux ce point d'or, je pense que j'accepterais – même si j'avais failli mourir, perdu une fortune, un ami – de revivre tout, dans les mêmes circonstances, de bout en bout. Mais une aventure ne recommence ni ne se prolonge. »

Jean-Paul Sartre

J'avais dix-huit ou dix-neuf ans. J'étais comme on dit « mal dans ma peau », me sentant décalée dans ce monde, différente, seule à endurer l'angoisse de devoir vivre et faire des choix aussi vides de sens les uns que les autres. Je suis tombée sur La Nausée *de Jean-Paul Sartre, et soudain ce roman a pris valeur d'allié pour moi. Enfin, quelqu'un osait mettre en mots, et de manière remarquable, l'absurdité d'exister. Enfin, un autre ressentait ce vague malaise qui me minait depuis des mois.*

Ce ne sont pas toujours les textes positifs, joyeux, enthousiasmants qui aident quand on va mal. Au contraire, même. Il faut parfois en passer par des textes sombres, désespérés quand on est dans le fin fond du trou. Ceux-ci sont alors de vraies bouées de secours. Ils vous font savoir que vous n'êtes pas seul à ressentir ce que vous ressentez. C'est déjà beaucoup pour aller mieux. Dans toute la traversée intérieure du héros, Roquentin, qui n'est pas sans rappeler certains personnages de Houellebecq, certains passages m'ont vraiment parlé, comme ce passage de La Nausée.

Pascale Senk est journaliste et écrivain, elle a notamment publié *Se libérer des dépendances* et *Vivre sans drogues* avec Frédérique de Gravelaine, parus chez Pocket.

Espérer contre toute espérance

Espérer est une décision à prendre ; mieux, une attitude du cœur. Elle seule nous rend doux à vivre, délicats dans la relation, confiants dans l'épreuve. L'espérance n'est pas une fleur aussi fragile qu'on le craint…

« Pour rencontrer l'Espérance, il faut être allé au-delà du désespoir.

Quand on va au bout de la nuit, on rencontre une autre aurore. »

Georges Bernanos

« Le plus merveilleux fondement de l'espérance, c'est que d'autres ont besoin de moi et que je ne peux me passer ni de leur aide ni de leur besoin. »

Abbé Pierre

« Cette nuit-là, je n'arrivais pas à dormir, j'entendais des cris, des bruits de voitures, de télévisions. Et puis, tout à coup, quelque chose s'est passé. J'ai entendu un bruit sourd. J'ai cru d'abord que c'était le bruit de mon cœur, et cela m'a fait peur parce que personne n'aime entendre cette mécanique, mais ce n'était pas ça, pas ça du tout. J'imaginais alors une batterie ou une contrebasse quand, tout d'un coup, semblant naître de ce bruit sourd, j'ai entendu une flûte qui s'est élevée soudainement. Elle était légère, elle était aérienne, elle donnait une joie, c'était peut-être Bach qui parlait, c'était peut-être *La Flûte enchantée*, je n'en sais rien.

Et puis je me suis endormi – un sommeil haché menu ! Et quand je me réveillai, je croyais encore entendre la flûte, mais il n'était pas sûr qu'elle continuait à jouer. Est-ce que la flûte était dans ma tête? D'où sortait-elle ? Je n'en sais rien ? Cela n'avait pas d'importance.

L'espérance, voyez-vous, c'est un peu ça. C'est très peu de chose, c'est ce chant de la flûte qui anime tout le reste, tout le brouhaha, c'est ce chant qui semble sortir du cœur du monde, du battement du cœur de tous les hommes, d'une ville. Ce n'est rien du tout, oui, presque rien, c'est facile à supprimer, l'espérance. »

Jean Sullivan

« Ceux qui sont fragiles nous révèlent cette puissance de vie qui rend l'homme encore capable, au plus tragique de sa condition, d'espérer. »

Bernard Ugeux

« Dans toutes les larmes s'attarde un espoir. »

Simone de Beauvoir

« Il ne faut pas trop questionner l'espérance. »

Henry Bauchau

Les vertus de la patience

Sois patient. L'instant, l'événement, l'autre, quand on lui laisse le temps de se déployer, recèle toujours une part qui échappe. Sans patience, l'invisible n'affleurerait jamais…

« Pauvres gens ceux qui n'ont pas de patience !
Quelle blessure s'est jamais guérie autrement que par degrés ? »

William Shakespeare

« Il faut vouloir ce que l'on aime, et il faut le vouloir d'une volonté profonde, pure de toute impatience, comme obscure à elle-même. »

Christian Bobin

« Tout brusquer en brûlant d'impatience est contraire aux entreprises, se montrer satisfait et arrogant est contraire à la vie ; à stimuler la croissance des êtres par des moyens artificiels on les fait mourir prématurément. »

Lao-tseu

« Je ferai de la patience une échelle vers le ciel
Pour monter plus haut, car la patience ouvre les portes. »

Djalâl al-Dîn Rûmî

« Que rien ne te trouble
Que rien ne t'épouvante
Tout passe
Dieu ne change point
La patience obtient tout
Quand on a Dieu
Rien ne manque
Dieu seul suffit. »

Thérèse d'Avila

« Il n'existe aucune faute comparable à la colère,
Et pas de courage comparable à la patience. »

Shantideva

« Il ne faut pas chercher, il faut attendre. J'ai toujours attendu, sans me tourmenter, et je ne suis pas malheureux. C'est après la pluie qu'on a les plus beaux ciels. »

Jean-Baptiste Corot

« Le bonheur est une longue patience... »

Jean Cocteau

S'épanouir dans l'impermanence

On croit que le temps passe mais nous avons tort. C'est nous qui passons dans le temps. Absolument rien ne dure. Sauf l'Être.

« Impassible face à toute perte,
Et face à tout changement
On entre dans l'initial ciel pur. »

Tchouang-tseu

« Tout s'évanouit et recommence à nouveau, sans cesse.
Cette quête même du bonheur est ce qui t'empêche de le trouver.
Comme un arc-en-ciel qu'on poursuit sans jamais le rattraper.
Parce qu'il n'existe pas, parce qu'il a toujours été là,
Et parce qu'il t'accompagne à chaque instant.

Ne crois pas à la réalité des choses bonnes ou mauvaises,
Elles sont semblables aux arcs-en-ciel.
À vouloir saisir l'insaisissable, on s'épuise en vain.
Dès lors qu'on relâche cette saisie, l'espace est là,
Ouvert, hospitalier et confortable.
Alors jouis-en.
Ne cherche plus.
Tout est déjà tien. »

Lama Guendune Rinpoché

« Qui ne se transforme pas dépérit. Ce qui ne change pas vieillit et s'asphyxie.

En nous, il existe de nouvelles possibilités de vivre qui ne demandent qu'à se manifester. »

Anselm Grün

« Et quand j'ai demandé à l'âme ce que fait le destin de mes innombrables vœux,
Elle m'a répondu que je suis le destin. »

Khalil Gibran

« Marcher comme une feuille morte tombée de l'arbre que le vent emporte, sans savoir si c'est le vent qui vous porte ou si vous portez le vent... »

Michel Jourdan

« Évite envie et convoitise, imperturbable
Face aux permutations, le vil succédant au juste ;
Garde ta coupe, joue avec les boucles de ton aimé ;
Bientôt toute la scène se dissipera, sans recours. »

Omar Khayyam

« Changer, c'est d'abord changer de point de vue. »

Jean-Bertrand Pontalis

« Ma vérité, ta vérité, sont en mouvement constant, se cherchent, se perdent, font un bout de chemin ensemble. Vigilance de chaque jour ! »

Lytta Basset

« Le monde de l'homme n'est rien d'autre que le jour et l'heure où il se trouve maintenant. Demain est un monde totalement différent. »

Rabbi Nahman de Braslav

L'art de composer

Entre ce qui me convient et ce qui me déplaît, entre ce que j'ai et ce que je suis, entre ce que je reçois et ce que je donne, et si j'apprenais enfin à composer une musique personnelle qui n'exclut rien de ce qui est vécu ?…

&

« Un petit sac ne peut contenir un grand objet.
Une corde trop courte n'atteint pas le fond du puits.
Chaque chose a sa propre valeur. »

Tchouang-tseu

« Dans la respiration il y a deux grâces, aspirer l'air et s'en délivrer ; l'un oppresse, l'autre soulage : telle est la vie et son merveilleux mélange. »

Johann Wolfgang von Goethe

« Pour être heureux, la consigne est de ne pas changer de place, de ne se vouloir à aucun moment ni à aucun prix un autre ou ailleurs, d'installer le bonheur où l'on est, où que l'on soit et tout de suite, le privilège de l'homme étant peut-être après tout de pouvoir faire du bonheur avec tout. »

Marcel Jouhandeau

« Ô mon âme, quand sauras-tu donc enfin être bonne, simple, parfaitement une, toujours prête à te montrer à nu, plus facile à voir que le corps matériel qui t'enveloppe ? Quand pourras-tu goûter pleinement la joie d'aimer et de chérir toutes choses ? Quand seras-tu remplie uniquement de toi-même ? »

Marc Aurèle

« Les céréales nourricières n'ont pas de fleurs. Les paroles justes ne sont pas ornées, une grande joie ne fait pas rire. Les plantes à fleurs donnent nécessairement des fruits, tous les fruits ont des noyaux ; et dans leur noyau, il y a une amande au goût amer.

Voici la marche que commande l'univers : je déploie ma droite et ma gauche, j'établis le masculin et le féminin ; bien que mes actions soient éclatantes, nul ne peut en suivre les tenants et les aboutissants ; le tonnerre est la roue de mon char et les dragons ses cavales ; faut-il avancer, je progresse ; faut-il s'arrêter, je fais halte. La terre est mon fonds et les hommes mes guides. Qui ne sait se conformer au terrain et à l'humain n'arrivera jamais à rien. »

Quatre Canons de l'empereur Jaune

« Il faut changer de vie. Il faut changer tout.

Mais tout changer, ce n'est pas tout détruire : c'est sauver tout. »

Maurice Bellet

« On ne peut admirer en même temps la lune, la neige et les fleurs. »

Proverbe japonais

« "On ne connaît une œuvre complètement que quand on s'est trompé à chaque endroit possible", a dit Yehudi Menuhin. »

Hélène Grimaud

« Dans la peinture comme dans l'Univers, sans le Vide, les souffles ne circuleraient pas. »

François Cheng

Vivre à la crête de soi-même

Nous sommes infiniment plus beaux que nous ne voulons le croire. Et appelés à vivre infiniment plus haut... Mais, en altitude, il nous faut nous souvenir que, de même que c'est de l'humus, c'est-à-dire du sol, que s'élance la fleur vers son soleil, de même seules l'humilité et la confiance doivent servir de bâtons de pèlerin.

« Je suis en Dieu montagne, c'est moi-même que j'ai à gravir. »

Angelus Silesius

« Notre cœur nous dit que nous sommes nés pour un état meilleur, et la promesse qui nous est faite par cette voix intime ne trompera pas l'âme qui espère. »

Friedrich von Schiller

« La honte n'est pas d'être inférieur à l'adversaire
C'est d'être inférieur à soi-même. »

Proverbe mandchou

« La sagesse est non pas de cheminer dans le juste milieu comme sur un sentier produit par l'effondrement de deux montagnes mais, plus exactement, de marcher sur un chemin de crête, flanqué d'un abîme de chaque côté. »

Paul Ricœur

« N'importe où, pourvu que ce soit en montant. »

Pierre Teilhard de Chardin

« Si loin que je remonte vers le passé, je ne me souviens pas d'avoir eu beaucoup d'illusions. L'illusion, c'est le rêve à bon marché, fil et coton, le rêve trop souvent greffé sur une expérience précoce, le rêve des notaires futurs. J'ai fait des rêves, oui, mais je savais bien qu'ils étaient des rêves. L'illusion est un avorton de rêve, un rêve nain, proportionné à la taille de l'enfance, et moi, mes rêves, je les voulais démesurés – sinon, à quoi bon les rêves ? Et voilà précisément pourquoi ils ne m'ont pas déçu.

Si je recommençais la vie, je tâcherais de les faire encore plus grands, parce que la vie est infiniment plus grande et plus belle que je n'avais cru, même en rêve, et moi plus petit. »

Georges Bernanos

« L'humanité n'est pas un état à subir. C'est une dignité à conquérir. »

Vercors

« Quiconque s'élève sera abaissé, et quiconque s'abaisse sera élevé. »

Luc 14, 11

« Du sommet, nous sommes capables de voir tout petit. Nos gloires et nos chagrins perdent leur importance. Ce que nous avons gagné ou perdu est resté là en bas. Du haut de la montagne, tu peux voir comme le monde est vaste et comme l'horizon s'étend loin. »

Paulo Coelho

Affronter la peur

Peur, obscur adversaire de l'homme, tu piques de ton dard les bien-portants et tu les paralyses. Mais ta morsure peut se révéler étreinte lorsqu'elle invite à se réveiller et à se mettre debout, à grandir et à se dépasser.

« Il faut savoir risquer la peur comme on risque la mort, le vrai courage est dans ce risque. »

Georges Bernanos

« Travailler sur soi. Éliminer la peur, les peurs. Pour découvrir que l'autre est un autre toi-même. Que tu n'as ni à le dominer ni à l'exploiter. Que nous avons à nous connaître, nous respecter, nous entraider. Si possible nous aimer. »

Charles Juliet

« Nous ne sommes pas des prisonniers. Nulle trappe, nul piège ne nous menace. Nous n'avons rien à redouter. Nous avons été placés dans la vie comme dans l'élément qui nous convient le mieux. Notre adaptation millénaire fait que nous ressemblons au monde, au point que si nous restions calmes, nous nous distinguerions à peine, par un mimétisme heureux, de ce qui nous entoure. Nous n'avons aucune raison de nous méfier du monde, car il ne nous est pas contraire. S'il y est des frayeurs, ce sont les nôtres ; s'il y est des abîmes, ce sont nos abîmes ; s'il y est des dangers, nous devons nous efforcer de les aimer. Si nous construisons notre vie sur ce principe qu'il nous faut aller toujours au plus difficile, alors tout ce qui nous paraît encore aujourd'hui étranger nous deviendra familier et fidèle. Comment oublier ces mythes antiques que l'on trouve au début de l'histoire de tous les peuples ; les mythes de ces dragons qui, à la minute suprême, se changent en princesses ? Tous les dragons de notre vie sont peut-être des princesses qui attendent de nous voir beaux et courageux. Toutes les choses terrifiantes ne sont peut-être que des choses sans secours qui attendent que nous les secourions. »

Rainer Maria Rilke

« Notre peur la plus profonde n'est pas que nous ne soyons pas à la hauteur. Notre peur la plus profonde est que nous sommes puissants au-delà de toute limite. C'est notre propre lumière et non pas notre obscurité qui nous effraie le plus. Nous nous posons la question : "Qui suis-je, moi, pour être brillant, talentueux et merveilleux ? En fait, qui êtes-vous pour ne pas l'être ?" Vous êtes un enfant de Dieu. Vous restreindre et vivre petit ne rend pas service au monde. L'illumination n'est pas de vous rétrécir pour éviter d'insécuriser les autres, nous sommes nés pour rendre manifeste la gloire de Dieu qui est en nous. Elle ne se trouve pas seulement chez quelques élus : elle est en chacun de nous, et au fur et à mesure que nous laissons briller notre propre lumière, nous donnons inconsciemment aux autres la permission de faire de même. En nous libérant de notre propre peur, notre présence libère automatiquement les autres. »

Marianne Williamson

« La peur a détruit plus de choses en ce monde que la joie n'en a créé. »

Paul Morand

« Je ne connaîtrai pas la peur, car la peur tue l'esprit. La peur est la petite mort qui conduit à l'oblitération totale. J'affronterai ma peur. Je lui permettrai de passer sur moi, au travers de moi. Et lorsqu'elle sera passée, je tournerai mon œil intérieur sur mon chemin. Et là où elle sera passée, il n'y aura plus rien. Rien que moi. »

Frank Herbert

« Mon cœur craint de souffrir, dit le jeune homme à l'alchimiste, une nuit qu'ils regardaient le ciel sans lune.

– Dis-lui que la crainte de la souffrance est pire que la souffrance elle-même. Et qu'aucun cœur n'a jamais souffert alors qu'il était à la poursuite de ses rêves. »

Paulo Coelho

« La peur est une souffrance.
La peur est la non-acceptation de ce qui "est".
La peur n'existe que par rapport à quelque chose.
C'est l'esprit qui crée la peur.
Seule la connaissance de soi peut vous affranchir de la peur.
La connaissance de soi est le commencement de la sagesse et la fin de la peur. »

Jiddu Krishnamurti

Cheminer vers l'Un

Comme l'arapède, ce petit coquillage qui fait un avec son rocher sans craindre les vagues qui lui donnent l'assaut, puissé-je faire un avec tout ce qui vient me provoquer à davantage de vie…

❧

« Tout parle ; l'air qui passe et l'alcyon qui vogue,
Le brin d'herbe, la fleur, le germe, l'élément. […]
Tout est une voix, et tout est un parfum.
Tout dit dans l'infini quelque chose à quelqu'un. »

Victor Hugo

« L'unité n'est pas à créer. L'unité est là. C'est votre sentiment de la dualité qui tend à la recouvrir. Vous ne créez pas l'unité. Si c'est vous qui la faites venir, alors elle partira également. Tout ce qui vient s'en va.

Quand vous êtes absorbé dans une activité quelle qu'elle soit, sentez-vous un ego quelconque ? Non, il n'y a plus de séparation. »

Svâmi Prajnânpad

« Pratiquer la Voie du Bouddha, c'est se connaître soi-même.
Se connaître soi-même, c'est s'oublier soi-même.
S'oublier soi-même, c'est être en unité avec toutes les existences. »

Maître Dôgen

« Chaque homme est un maillon. Il donne une forme à l'existence, à son existence, enfin, il devrait le faire. Sinon il demeurera une graine destinée à pourrir en terre, faute d'avoir engendré son développement. Et, à ce titre, nous sommes tous responsables, tous obligés de nous dérouler dans des actes. Il n'y a pas d'êtres inférieurs, il n'y a que des êtres qui ne veulent pas se hausser vers le supérieur, développer l'ascension enroulée en eux-mêmes. »

Théodore Monod

« Rentre en toi-même et examine-toi. Si tu n'y trouves pas encore la beauté, fais comme l'artiste qui retranche, enlève, polit, épure, jusqu'à ce qu'il ait orné sa statue de tous les traits de la beauté. Retranche ainsi de ton âme tout ce qui est superflu, redresse ce qui n'est point droit, purifie et illumine ce qui est ténébreux, et ne cesse pas de perfectionner ta statue jusqu'à ce que la vertu brille à tes yeux de sa divine lumière, jusqu'à ce que tu voies la tempérance assise en ton sein dans sa sainte pureté. »

Plotin

« Aussi longtemps qu'existera l'espace,
Aussi longtemps qu'il y aura des êtres,
Puissé-je moi aussi demeurer
Pour dissiper la douleur du monde. »

Rapporté par Matthieu Ricard

« À mes yeux, c'est avec l'unicité que commence la possibilité de la beauté : l'être n'est plus un robot parmi les robots, ni une simple figure au milieu d'autres figures. L'unicité transforme chaque être en présence, laquelle, à l'image d'une fleur ou d'un arbre, n'a de cesse de tendre, dans le temps, vers la plénitude de son éclat, qui est la définition même de la beauté. »

François Cheng

Suivre sa route

Quand nous aurons fini de vouloir ressembler aux autres, quand nous aurons fini de vouloir être des parents, des amants, des amis ou des professionnels idéaux ou fantasmés, nous pourrons laisser nos pas nous guider vers un sentier jusqu'alors invisible. Son tracé, singulier, nous amène là où nous sommes attendus. Rien de spectaculaire, non ; mais un rendez-vous personnel.

« Ne crains pas d'avancer lentement, crains seulement de t'arrêter. »

Proverbe chinois

« Tout serait plus simple si on ne t'avait pas inculqué cette histoire d'arriver quelque part, si seulement on t'avait appris, plutôt, à être heureux, en restant immobile. Toutes ces histoires à propos de ton propre chemin.

Trouver ton chemin. Suivre son chemin. Alors que si ça se trouve on est fait pour vivre sur une place, ou dans un jardin public, là sans bouger, à faire que la vie passe, si ça se trouve on est un carrefour, le monde a besoin qu'on reste là sans bouger, ce serait une catastrophe si on s'en allait, à un moment donné, suivre notre route, mais quelle route ? Les autres sont des routes, moi je suis une place, je ne mène à aucun endroit, je *suis* un endroit. »

Alessandro Baricco

« Ne demande jamais ton chemin à quelqu'un qui le connaît, car tu pourrais ne pas t'égarer. »

Rabbi Nahman de Braslav

« Je ne sais pas nécessairement où un chemin me mènera et si mes forces me porteront jusqu'au terme. En revanche, je suis assuré de ce à quoi il me soustraira : un assoupissement qui n'est pas une forme d'équilibre, un repli sur soi. La solitude qui parfois l'accompagne n'a rien d'amer. Elle me restitue à ce qu'il y a de plus grave et doux en moi et demeure mon compagnon : le chemin. Tandis que je marche, j'ai le sentiment d'être l'auteur de mes pas. La joie est alors au rendez-vous quelle que soit ma fatigue, puisqu'elle s'accompagne du sentiment de créer... »

Pierre Sansot

« Ce qui sauve, c'est de faire un pas. Encore un pas. C'est toujours le même pas que l'on recommence... »

Antoine de Saint-Exupéry

« Il est bon d'avoir un peu de mal à vivre et de ne pas suivre une route tout unie. »

Alain

« Dites-moi où vous conduisent vos chemins. Ce qu'ils vous ont amené à découvrir. Dites-moi si une lueur commence à percer votre nuit, ou si vous marchez déjà sur un sol ferme, dans la clarté du jour. Quoi que ce soit que nous ayons à endurer ou subir, ne perdons pas de vue que tout est vie, et qu'en conséquence tout est bon à vivre. »

Charles Juliet

« Ne crois pas que tu t'es trompé de route quand tu n'es pas allé assez loin. »

Claude Aveline

« Supposons des excursionnistes partis pour l'escalade d'un sommet difficile ; et considérons leur groupe quelques heures après le départ. À ce moment, on peut imaginer que l'équipe se divise en trois éléments. Les uns regrettent d'avoir quitté l'auberge. La fatigue, les dangers leur paraissent disproportionnés avec l'intérêt du succès. Ils décident de revenir en arrière. Les autres ne sont pas fâchés d'être partis. Le soleil brille, la vue est belle. Mais pourquoi monter plus haut ? Ne vaut-il pas mieux jouir de la montagne là où on se trouve, en pleine prairie ou en plein bois ? Et ils s'étendent sur l'herbe ou explorent les environs, en attendant l'heure du pique-nique. D'autres enfin, les vrais alpinistes, ne détachent pas leurs yeux des cimes qu'ils se sont juré d'atteindre. Et ils repartent en avant. Des fatigués, des bons vivants, des ardents.

Trois types d'Homme que nous portons en germe, chacun au fond de nous-mêmes, et entre lesquels, en fait, se divise depuis toujours l'Humanité autour de nous. [...] Trois attitudes fondamentales en face de la Vie. Et par suite, inévitablement, trois formes opposées de bonheur en présence. [...] Comme et avec le Monde, voulons-nous être heureux ? Laissons les fatigués et les pessimistes glisser en arrière. Laissons les jouisseurs s'allonger bourgeoisement sur la pente. Et joignons-nous sans hésiter au groupe de ceux qui veulent risquer l'ascension jusqu'au dernier sommet. En avant !... »

Pierre Teilhard de Chardin

« Il faut penser, rêver, chercher. Dieu bénit l'homme, non pour avoir trouvé, mais pour avoir cherché. »

Victor Hugo

« Il est des routes qui vont au feu, d'autres aux cimes, d'autres aux villages. À chacun la sienne. J'ignore ce qu'est la pureté, mais je sais que la folie est de ne pas suivre sa route. »

Henri Gougaud

Oser la confiance

Je ne fais confiance ni à tes propres forces ni aux miennes. Je fais confiance à ce que je ne vois pas, à ce que ne sais pas, à ce que je ne comprends pas encore, je fais confiance à l'incarnation. Nous sommes invités à un bouleversant « oui ».

« Car toujours l'impossible arrive. »

André Breton

« Faire confiance est une preuve de courage. »

Marie von Ebner-Eschenbach

« Dieu n'impose à une âme que selon sa capacité. »

Coran 2, 286

« Il faut tout faire comme si rien ne devait nous être donné en échange et en même temps cheminer comme si Dieu nous menait sans cesse à des miracles. »

Henri Gougaud

« Tes réponses sont en toi. Les réponses aux questions de la "Vie" sont en toi. Tout ce qu'il te faut, c'est regarder, écouter et faire confiance. À mesure que tu t'ouvres à cette confiance, tu te souviendras de plus en plus de tout ceci. »

Gitta Mallasz

« Ce n'est pas la toute-puissance de Dieu qui nous menace... mais sa douceur. »

André Frossard

« Le Seigneur fera tout pour moi. »

Psaume 138, 8

« Vous qui pleurez, venez à ce Dieu, car il pleure.
Vous qui souffrez, venez à lui, car il guérit.
Vous qui tremblez, venez à lui, car il sourit.
Vous qui passez, venez à lui, car il demeure. »

Victor Hugo

Prendre courage

Inspire une fois, deux fois, inspire autant de fois que cela te sera nécessaire.

Inspire et le courage, qui attendait d'être convoqué, montera de tes terres les plus profondes, peut-être les plus sombres.

Aie confiance : le courage te sera toujours donné à l'exacte mesure de ton besoin. Avec l'épreuve, la vie offre toujours la grâce de la supporter. Pas plus, pas moins.

❧

« Dans le courage, on n'a pas réduit sa peur,
On l'a dépassée. »

Chogyam Trungpa

« Quant au courage – oui, bienheureux ceux qui ont la chance d'être courageux ! C'est un don comme de chanter juste ou de courir vite. »

Maurice Bellet

« Quel courage il faut, à certains moments, pour choisir la vie ! »

Henrik Ibsen

« Tous nous serions transformés si nous avions le courage d'être ce que nous sommes. »

Marguerite Yourcenar

« Ce n'est pas celui qui critique qui est important, ni celui qui montre du doigt comment l'homme fort trébuche ou comment l'homme d'action aurait pu faire mieux.

L'hommage est dû à celui ou à celle qui se bat dans l'arène, dont le visage est couvert de poussière et de sueur, qui va de l'avant vaillamment, qui commet des erreurs et en commettra encore, car il n'y a pas d'efforts humains sans erreurs et imperfections. C'est à lui ou à elle qu'appartient l'hommage, à celui ou à celle dont l'enthousiasme et la dévotion sont grands, à celui ou à celle qui se consume pour une cause importante, à celui ou à celle qui, au mieux, connaîtra le triomphe du succès, et au pis, s'il échoue, saura qu'il a échoué alors qu'il risquait courageusement. »

Mahatma Gandhi

« Quoi qu'il arrive, ne vous découragez jamais. Si vous pensez : "Ce n'est pas possible, je n'ai pas toutes mes facultés, je n'y arriverai jamais", vous échouerez. Comme le dit le proverbe tibétain : "On ne se sort pas de la misère en perdant courage." »

Dalaï lama

« Il faut avoir le courage de plonger dans les ténèbres pour en rapporter la lumière. »

Michel Tournier

« Le véritable courage consiste chaque jour à vaincre les petits ennemis. »

Paul Nizan

« On parle du courage d'un condamné à mort qui marche jusqu'au lieu de l'exécution : il en faut parfois autant pour garder une façade acceptable en allant au-devant de la souffrance quotidienne. »

Graham Greene

« Quel est le vrai héros ? Celui qui a le plus de courage contre soi-même. »

Proverbe chinois

Suivre l'étoile

Certains suivent leur étoile ou savent prendre une main tendue opportunément. À d'autres, les battements de leur cœur ou les songes indiquent la voie à suivre... Tous, que nous le croyions ou pas, que nous le sachions ou pas, nous avons une direction. Notre vie a un nord magnétique.

« Je vais où Dieu me mène, incertain de moi, mais sûr de lui. »

Henri Dominique Lacordaire

« Le Seigneur est mon berger, rien ne saurait me manquer.
Le Seigneur est mon berger, je ne manque de rien.
Sur des prés d'herbe fraîche, il me fait reposer.
Il me mène vers les eaux tranquilles et me fait revivre ;
Il me conduit par le juste chemin pour l'honneur de son nom.

Si je passe un ravin de ténèbres, je ne crains aucun mal,
car tu es avec moi, ton bâton me guide et me rassure.
Tu prépares la table pour moi devant mes adversaires ;
Tu répands le parfum sur ma tête, ma coupe est débordante.
Grâce et bonheur m'accompagnent tous les jours de ma vie.
J'habiterai la maison du Seigneur pour la durée de mes jours. »

Psaume 22

« Seigneur, mon Dieu,
je ne sais pas où je vais,
je ne vois pas la route devant moi,
je ne peux pas prévoir avec certitude où elle aboutira.
Je ne me connais pas vraiment moi-même
et, si je crois sincèrement suivre ta volonté,
cela ne veut pas dire que je m'y conforme.
Je crois cependant que mon désir de te plaire te plaît.
J'espère avoir ce désir au cœur en tout ce que je fais,
et ne jamais rien faire à l'avenir sans ce désir.
En agissant ainsi
je sais que tu me conduiras sur la bonne route,
même si je ne la connais pas moi-même.
Je te ferai donc toujours confiance

même quand j'aurai l'impression que je me suis perdu
et que je marche à l'ombre de la mort.
Je n'aurai nulle crainte car tu es toujours avec moi
et jamais tu ne me laisseras seul dans le péril. »

Thomas Merton

« On croit agir, on est entraîné. »

Jacques Chardonne

« L'étoile divine est intérieure et invisible ; elle éclaire l'âme du voyageur et non le chemin où il marche ; elle nous donne assez de foi pour aller au-delà de tout, mais elle ne dispense de rien. »

Gustave Thibon

Découvrir la joie qui élargit

La joie n'est pas un dû, c'est une conquête. On la trouve en soi, nulle part ailleurs....

« L'âme cherche la joie partout, comme un enfant. »

Mâ Ananda Moyî

« Le maître Aaron de Karlin disait : "La joie n'est pas un commandement mais elle peut conduire à des actions méritoires. La mélancolie n'est pas un péché mais elle peut mener à toutes les dérives." »

Rapporté par Victor Malka

« Dès que la joie se lève, tout s'élargit. Notre respiration se fait plus ample, notre corps, l'instant d'avant replié sur lui-même, n'occupant que sa place ou son coin, tout à coup se redresse et vibre de mobilité. Nous voudrions sauter, bondir, courir, danser, car nous sommes plus vifs dans un plus vaste espace, et le défilé resserré de notre gorge devient le gué du cri, du chant ou du rire déployé. Rire ou pleurer, rire en pleurant, pleurer en riant, qu'importe ! c'est la réponse au même excès de ce qui vient. Notre visage s'ouvre et notre regard s'éclaire. Qu'est-ce qui vient ? L'à-venir. »

Jean-Louis Chrétien

« Les philosophes qui ont spéculé sur la signification de la vie et sur la destinée de l'homme n'ont pas assez remarqué que la nature a pris la peine de nous renseigner là-dessus elle-même. Elle nous avertit par un signe précis que notre destination est atteinte. Ce signe est la joie. Je dis la joie, je ne dis pas le plaisir. Le plaisir n'est qu'un artifice imaginé par la nature pour obtenir de l'être vivant la conservation de la vie ; il n'indique pas la direction où la vie est lancée. Mais la joie annonce toujours que la vie a réussi, qu'elle a gagné du terrain, qu'elle a remporté une victoire : toute grande joie a un accent triomphal. Or, si nous tenons compte de cette indication et si nous suivons cette nouvelle ligne de faits, nous trouvons que partout où il y a joie, il y a création : plus riche est la création, plus profonde est la joie. »

Henri Bergson

« Plus profondément le chagrin creusera votre être, plus vous pourrez contenir de joie. »

Khalil Gibran

« La plus grande puissance du monde, c'est le sourire. C'est du sourire que nous vivons, comme c'est de l'absence de sourire que nous mourons. Là où il n'y a pas de sourire, la vie s'éteint. Où il y a le sourire, la vie prospère. Il est clair que si le sourire vous est offert et qu'il rencontre un visage fermé, il ne peut plus rien. Si on ne répond pas à cette intimité, rien ne se passe.

Autant le sourire est puissant s'il est reçu, autant il ne peut rien s'il rencontre un visage fermé. Gardez cette image du sourire qui est la seule image véritable de la Puissance divine. Vous comprendrez que Dieu soit à la fois la source de toute vie et qu'il soit le Dieu crucifié.

Si vous êtes le sourire de Dieu, si ce sourire accueille quiconque entrouvre votre porte, la vie renaîtra. »

Maurice Zundel

« Vous commencerez par le respect. Alors vous sera donné d'entrer dans ce chemin de l'impossible, où vous souffrirez peut-être, et où nul ne vous ravira votre joie. Telle est la porte de mon bonheur. »

Maurice Bellet

« La joie est un élargissement de l'être. Un mouvement dans lequel tout a de plus en plus d'âme. Tout devient de plus en plus parfait. Tout devient de plus en plus léger. »

Bertrand Vergely

« L'essentiel, nous ne savons pas le prévoir. Chacun de nous a connu les joies les plus chaudes là où rien ne les promettait. »

Antoine de Saint-Exupéry

« J'aime ta joie parce qu'elle est folle ; elle annonce que tu es heureux. »

Beaumarchais

III

Marcher vers les hommes

S'incliner, avancer ensemble, prêter force, cœur et écoute à celui qui en a besoin. Relever une relation en difficulté. Tendre la main à celui qui peine. Se retourner pour vérifier qu'il suit. C'est toute l'humanité qui nous a précédés. C'est toute l'humanité qui est en route. Chacun son tour, prendre sa place, sa petite place.

Aider, un matin, son ami, son voisin, le soir, un étranger, peut-être un jour même un ennemi… Donner, aimer. Nous sommes invités à participer à une immense, bouleversante chorégraphie invisible. Notre présence y est vitale : ce que nous sommes invités à faire, personne d'autre que nous ne peut le faire. C'est une responsabilité, c'est aussi une promesse. Notre regard, notre présence peuvent éclairer le monde.

Cessons d'exiger et d'arracher à la vie et aux autres ce que nous voulons, entrons dans le rythme du réel, désarmons, n'ayons plus peur de manquer ni de donner.

Soyons vivants, simples, ouverts, vrais. Faisons de nos rencontres des « plus de vie », des « plus de joie », dialoguons, transformons-nous ensemble, inscrivons nos relations dans la durée, le respect, la fidélité, la surprise, l'émerveillement.

Nous sommes, et l'autre aussi, toujours plus beaux que nous n'osons le voir. La paix est un travail à combustion lente. Laissons-nous faire par ce qui doit se faire.

La force de la rencontre

Les vraies rencontres, les rencontres décisives, élèvent en même temps qu'elles nous rendent à notre vérité. Elles influencent le cours de notre vie vers du NEUF *et vont jusqu'à changer l'eau en vin : la rencontre est miracle.*

« Il n'y a qu'une espèce valide de voyages, qui est la marche vers les hommes. »

Paul Nizan

« Et il savait lire, pas les livres, ça tout le monde peut, lui, ce qu'il savait lire, c'était les gens. Les signes que les gens emportent avec eux : les endroits, les bruits, les odeurs, leur terre, leurs histoires... écrites sur eux, du début à la fin. »

Alessandro Baricco

« On ne perd jamais son âme dans la vraie rencontre, on ne peut en sortir qu'enrichi. En revanche, l'inverse représente un réel danger : si vous vous préservez de l'autre, de cette part qui vous relie à l'univers vivant, vous vous rétrécissez. L'altérité est indispensable pour que chacun se forme, s'élève et se dépasse. »

François Cheng

« Les autres sont nos véritables voyages. »

Michel de Certeau

« On ne devrait jamais sortir indemne d'une rencontre quelle qu'elle soit, ou du moins en sortir inchangé. »

Sylvie Germain

« Ces êtres de dialogue, de partage et de mouvance que nous sommes vivent de la magie des rencontres, meurent de leur absence. Chaque rencontre nous réinvente illico – que ce soit celle d'un paysage, d'un objet d'art, d'un arbre, d'un chat ou d'un enfant, d'un ami ou d'un inconnu. Un être neuf surgit alors de moi et laisse derrière lui celui qu'un instant plus tôt je croyais être.

La rencontre fait résonner en moi des modes et des tons que je n'avais pas perçus jusqu'alors. C'est par la rencontre que dans cet amas diffus, cette nébuleuse que par commodité j'appelle moi, s'éclairent et se regroupent les constellations. »

Christiane Singer

« Quel mystérieux baptême sont ces larmes que nous refoulons à peine, quand un visage d'amour traverse notre regard, en nous révélant le monde que nous croyions peut-être aboli, et auquel nous sentons maintenant que nous appartenons par toutes les fibres de notre être : le monde de l'esprit et de la qualité, du silence et de la clarté.

Tout être est capable de nous faire ce don merveilleux qui nous découvre l'humanité vraie. Et ceux qui nous l'ont fait sont à jamais nos bienfaiteurs, quand bien même nous ne les aurions aperçus qu'une seule fois sur la route, car la seule chose qui compte vraiment en nous, c'est ce fonds lumineux dont chacune de ces rencontres a augmenté la richesse. »

Maurice Zundel

« Cet infirme rampant au milieu de la fange ne demandait rien pour lui. Il s'inquiétait pour son voisin.

Il incarnait le proverbe indien : "Qu'importe le malheur si nous sommes malheureux ensemble." »

Dominique Lapierre

« J'institue pour légataire universelle
la jeunesse du monde.
Le plus grand malheur qui puisse vous arriver,
C'est de n'être utile à personne,
C'est que votre vie ne serve à rien.
Soyez riches, vous, du bonheur des autres.
S'il manque quelque chose à votre vie,
C'est parce que vous n'avez pas regardé assez haut.
Et puis croyez en la bonté, en l'humble et sublime bonté.
Le trésor que je vous laisse, c'est le bien que je n'ai pas fait,
que j'aurais voulu faire et que vous ferez après moi. »

Raoul Follereau

Accueillir

Accueillir ce qui vient, celui qui vient, simplement et entièrement. Être accueillant à tout et à tous. Se rendre disponible, ouvert et sans crainte. La relation n'est pas un risque, c'est une chance.

« L'autre, il faut l'accueillir d'un regard créateur
Et être digne de l'honneur de le protéger. »

Jacques de Bourbon Busset

« Nous croyons que ce qui arrive, notamment dans les relations humaines, nous tombe dessus. En réalité, le plus souvent, le mouvement part de nous... »

Jean Sulivan

« Si vous gardez les poings fermés, vous n'obtiendrez que quelques grains de sable. Mais si vous ouvrez les mains, vous obtiendrez tout le sable du désert. »

Maître Dôgen

« La prise de conscience que nous appartenons à une humanité commune, et que cette appartenance est plus fondamentale que toute autre appartenance, a changé beaucoup de mes attitudes et ma vision de l'être humain. Elle m'a aidé à me libérer de compulsions égocentriques et de blessures intérieures, m'a incité à mieux accueillir ceux qui sont différents, les "étrangers", et même ceux qui nous agressent, les "ennemis". Passer de l'égoïsme à l'amour, de l'esclavage à la liberté, de l'enfermement sur soi à l'ouverture aux autres, c'est grandir ; c'est le chemin vers la pleine maturité humaine. »

Jean Vanier

« Qui vous accueille m'accueille, et qui m'accueille accueille celui qui m'a envoyé. »

Matthieu 10, 40

« Aimer ce n'est pas être ému par un autre, avoir de l'affection sensible pour un autre, s'abandonner à un autre, admirer un autre, désirer un autre, vouloir posséder un autre. Aimer n'est pas une démarche instinctive, c'est la décision consciente de ta volonté d'aller vers les autres et de te donner à eux. On s'entraîne à aimer en passant peu à peu du désir de prendre à la volonté de donner. »

Michel Quoist

« La libération vient le jour où l'on peut dire : "J'ai fait ce que j'avais à faire, j'ai reçu ce que j'avais à recevoir, j'ai donné ce que j'avais à donner." »

Svâmi Prajnânpad

« Celui qui demeure avec des frères ne doit pas être carré mais sphérique afin de se tourner vers tous. »

Abba Matoes

« Viens étranger, tu feras du bien à celui qui te reçoit. »

Proverbe africain

Tendre la main

Faire un pas hors de soi, déjà, et l'on commence à sauver sa peau. S'approcher de la peau de l'autre, de son quotidien, de ses désirs, de ses fautes, de ses errances, de ses tristesses, et l'on se rapproche de soi. On se sauve en se regardant les uns les autres. On se sauve en s'élargissant.

« Faites comme la bougie allumée qui éclaire elle-même et, sans amoindrir sa propre flamme, allume d'autres bougies pour éclairer d'autres endroits. »

Séraphim de Sarov

« Tends la main à ceux qui voudraient courir, mais qui ne font que boiter. Notre âme a des ailes, mais la chair l'attire en bas. Elle est prompte à tendre vers les réalités d'en haut, mais elle est alourdie, elle est inclinée vers les réalités de la terre. Que ton secours nous vienne en aide, ce qui paraissait impossible deviendra alors aisé. »

Prière attribuée à Jean Chrysostome

« Parole de Chlomo de Karlin : "Si tu veux sortir un homme plongé dans la boue, n'imagine pas qu'il te suffit de rester à l'écart et de lui tendre la main. Il te faut descendre toi-même totalement dans cette boue, le saisir et monter avec lui." »

Rapporté par Victor Malka

« Une grande tristesse s'est répandue dans notre monde.
Nous vivons dans un désert, dans une terre où rien ne pousse, une terre où les humains ne sont plus là les uns pour les autres, une terre sans joie.
Tu ne te perdras pas dans le désert
si tu crois à l'oasis.
Il suffit d'une goutte d'eau pour redonner à une fleur la force de relever la tête.
Il suffit d'un peu d'amour pour guérir des êtres humains et leur rendre le courage.
Seule l'eau peut transformer le désert. L'eau est la vie. L'amour est l'eau vive.
Soyons de petits porteurs d'eau dans un grand désert.

Soyons une oasis où l'on est mordu de la vie.
Là où une fleur peut à nouveau fleurir, un jour, pousseront des milliers de fleurs. »

Phil Bosmans

« Lorsqu'à ton prochain tu te plains d'un malheur, tu lui offres une partie de ton cœur. Si son âme est noble, il t'en saura gré ; si elle est vile, il te méprisera. »

Khalil Gibran

« Amour, donne-moi ta force, et cette force me sauvera. »

William Shakespeare

S'oublier

S'oublier paraît fou, immense, impossible, déraisonnable. Mais comment donc ? Mais pour quoi donc ? Mais pour s'ouvrir au reste, à tout le reste ! S'oublier est une grâce.

« Je suis convaincu que les hommes qui comptent sont ceux qui se sont oubliés en faveur des autres. »

Jean Grenier

« Un beau jour [...] j'étais furieux contre quelqu'un qui m'avait joué un mauvais tour. Je me trouvais dans un de ces états ignobles de l'homme qui voudrait étrangler un autre homme ! Dans cet état de nervosité je me suis souvenu d'avoir lu quelque part que si un Japonais se trouve dans un état pareil, il laisse glisser son petit moi de haut en bas ! À l'instant même, je pouvais faire cela et voilà que cette situation ne me regardait plus ! Je voyais la situation avec une certaine distance. L'autre était encore un méchant mais ça ne me regardait plus de la même façon. »

Karlfried Graf Dürckheim

« Dans mon vert ermitage
Assis ou debout
Ma seule prière :
Avant moi, faire passer tous les êtres. »

Maître Dôgen

« Tout ce qui est gagné sur l'égoïsme, la puissance, l'orgueil, tout ce qui se transforme en amour réel, voilà le ciel. »

Jean Sulivan

« J'ai maintenant fermement compris que la destination de l'homme, ou bien n'existe pas du tout, ou bien n'existe que dans une seule chose : un amour plein d'abnégation pour son prochain. »

Anton Tchekhov

« Quelle tristesse pourtant que d'être soi, de coïncider avec son être ! Alors que la beauté de l'existence, c'est de s'échapper, de s'ouvrir à la multitude des destins possibles que nous portons en nous-mêmes. Plutôt que d'être quelqu'un, pourquoi ne pas vouloir être plusieurs ? Se connaître n'est utile que pour mieux s'oublier, n'être plus encombré de soi, se rendre disponible à la splendeur du monde. »

Pascal Bruckner

« On ne peut être utile à soi sans l'être aux autres. Que nous le voulions ou pas, nous sommes tous liés et il est inconcevable de ne réussir que son bonheur. Celui qui ne se préoccupe que de lui finit dans la souffrance. »

Dalaï lama

« Demander l'humilité, c'est demander d'être compté pour rien. Là, nous sommes sûrs d'être exaucés avant même d'en avoir formulé la demande parce que ce *rien*, c'est la réalité de ce que nous sommes. Nous ne sommes rien et nous sommes aimés. Demander à Dieu l'humilité, c'est prendre conscience de cette réalité, c'est coïncider tout d'un coup avec la réalité de son être. »

Jean-Yves Leloup

« Le vrai nom du dévouement, c'est le désintéressement. »

Victor Hugo

« Tout oublier jusqu'à l'abandon du moi pour un temps. Oublier ce que l'on veut être, car c'est un frein au festin. Oublier ce que l'on croit être, car c'est une prison qui ne nous laisse que peu de chances de découvrir nos territoires inconnus. »

Fabienne Verdier

Être à l'écoute de l'autre

Écouter, c'est dire à l'autre : « Tu comptes, tu pèses, tu m'intéresses, tu es inédit, tu me secoues, tu me changes la vie, tu polis mon cœur. »

« Écouter l'autre
C'est le faire existter. »

Charles Juliet

« Ouvre l'œil et regarde, tu verras ton visage dans tous les visages.
Tends l'oreille et écoute, tu entendras ta propre voix dans toutes les voix. »

Khalil Gibran

« Écouter, c'est pendant un moment disparaître. Si vous ne disparaissez pas, vous n'écoutez pas. Pour écouter il faut croire que l'autre existe plus que vous et qu'il peut vous apporter quelque chose. »

Alphonse Goettmann

« "Il faut être très patient", répondit le renard. "Tu t'assoiras d'abord un peu loin de moi, comme ça, dans l'herbe. Je te regarderai du coin de l'œil et tu ne diras rien. Le langage est source de malentendus. Mais, chaque jour, tu pourras t'asseoir un peu plus près..." »

Antoine de Saint-Exupéry

« Je ne puis consoler l'autre de manière impersonnelle, en reprenant des paroles édifiantes que j'ai lues par ailleurs. Je dois entrer chez lui et demeurer dans sa maison, là où règnent la nuit, le déchirement et la douleur. Si tu peux entrer dans la maison du deuil, l'endeuillé te prendra pour l'ange de la consolation. Et il reconnaîtra alors qu'en toi, c'est l'ange divin qui vient le visiter comme l'"astre d'en haut". »

Anselm Grün

« Écouter c'est quand on aime. »

Christian Bobin

« Parole de Naftali de Ropshitz : "Les gens pensent que la grande dignité de l'homme est d'avoir le pouvoir de s'exprimer. Et moi je pense que le pouvoir de l'écoute est plus précieux que tout le reste." »

Rapporté par Victor Malka

« Restons un moment sans parler les uns et les autres, dit le premier bouvier. Ça nous éclairera. Après nous nous expliquerons. »

Jean Giono

« Le silence, c'est quelquefois se taire, c'est toujours écouter. »

Madeleine Delbrêl

« C'est parce qu'ils sont blessés qu'ils comprennent.
Une blessure écoute toujours plus finement qu'une oreille. »

Aharon Appelfeld

« Ressemble de nouveau à l'arbre que tu aimes, à l'arbre aux larges branches : il écoute silencieux, suspendu sur la mer. »

Friedrich Nietzsche

« Les Chinois disent qu'il y a une raison au fait d'être né avec deux oreilles et une bouche : c'est que l'on devrait écouter deux fois plus que l'on ne parle. »

Dominique Loreau

« L'amour est une telle tornade que l'on ne peut aimer tout le monde. Il serait hypocrite de le prétendre ou d'agir en faisant comme si. La vraie générosité consiste à se mettre à l'écoute de l'autre en ne lui cachant pas la diversité des réactions qu'il provoque en nous. C'est-à-dire en lui accordant une part de ce qui nous est souvent le plus précieux, le temps dont nous disposons et qui, si vite, s'enfuit. [...] La générosité est le nom que l'on donne à l'attitude qui est au fondement de la construction de chacun : l'ouverture à ce que nous apporte l'autre, même lorsque cet apport nous paraît inquiétant, voire dangereux. Toute rencontre comporte un risque. Être généreux, c'est affronter ce risque. »

Albert Jacquard

« Abba Poemen disait : "Choisis de te taire [...]" Mais il y a en particulier un enseignement récurrent d'Abba Poemen que je voudrais souligner pour toi aujourd'hui, parce qu'il me semble très actuel. Tu peux le trouver résumé dans cette brève sentence : "La victoire sur toute peine qui te survient, c'est de garder le silence." Oui, sans faux spiritualisme, Abba Poemen appelle chacun à choisir de se taire, plutôt que de parler. Non par discrétion ou par esprit de mutisme, mais pour redécouvrir la force qu'a celui qui ne cherche pas à s'imposer par des paroles grandiloquentes ou des tons sans réplique, mais témoigne de l'authenticité de sa personne à travers la transparence de son attitude.

Poemen conseille ainsi : " Enseigne ta bouche à dire ce que contient ton cœur." Il faudra peut-être que tu l'expérimentes pour y croire, mais c'est la vérité : garder le silence donne vraiment la victoire sur toute peine qui nous survient. [...] Souviens-toi de cette sentence d'un ancien Père du désert qui, joignant le geste à la parole, alors qu'on lui demandait : "Où pourrions-nous fuir au-delà de ce désert ?", mit son doigt sur sa bouche en disant : "Fuyez cela !" »

Enzo Bianchi

Savoir pardonner

Quel que soit le bout par lequel nous prenions notre vie, elle ne nous parle que de cela, de cette difficulté à s'échapper du mal subi et de ce besoin irrépressible d'aller au-delà. Il n'y a pas de naïveté dans le pardon. Il y a une décision, une volonté d'aller plus loin, une volonté de ne pas figer une faute. Il y a de l'à-venir et de la noblesse dans le pardon.

« Pardonner n'est pas oublier mais transfigurer le souvenir du mal. »

Lytta Basset

« Quand vous serez grands, ne gardez de rancune envers personne. N'oubliez jamais que tous les hommes sont frères et qu'il faut répondre aux offenses et même au mal par le pardon, l'amour. »

Honoré d'Estienne d'Orves

« Seigneur, combien de fois pardonnerai-je à mon frère, lorsqu'il péchera contre moi ? Sera-ce jusqu'à sept fois ? »

Matthieu 18, 21

« Tant que tu ne peux pas pardonner à autrui d'être différent de toi,
Tu es encore bien loin du chemin de la sagesse. »

Proverbe chinois

« Il nous faut apprendre à voir le mal et la faute comme Dieu les voit. Cela précisément est difficile. Car là où nous voyons naturellement une faute à condamner et à punir, Dieu, lui, voit tout d'abord une détresse à secourir. »

Éloi Leclerc

« On ne quitte pas une maison qu'on trouve sale. On la nettoie. »

René Barjavel

« Je tâche de comprendre afin de pardonner. »

Victor Hugo

« Si tu ne comprends pas ton ami en toutes circonstances, jamais tu ne le comprendras. »

Khalil Gibran

« Pardonner, c'est résister à la cruauté du monde. »

Edgar Morin

« Car vivre dans un monde où nul n'est pardonné, où la rédemption est refusée, c'est comme vivre en enfer. »

Milan Kundera

« Inspirant, je sais que la colère existe.
Expirant, je sais que la colère est en moi.
Inspirant, je sais que ma colère est désagréable.
Expirant, je sais que ce sentiment va disparaître.
Inspirant, je suis calme.
Expirant, je me sens assez fort pour prendre soin de cette colère. »

Thich Nhat Hanh

« Pardonner, c'est renoncer à avoir le dernier mot. »

Olivier Abel

« Le sens du pardon : on peut avoir fauté, on peut avoir péché, on peut être souillé, mais nous ne sommes pas que cela ! »

Jean-Yves Leloup

« La seule chose qui appelle le pardon, c'est précisément l'impardonnable. »

Jacques Derrida

Le choix de Fabrice Midal

« Je crois qu'excepté vous tous les êtres humains à qui il m'est jamais arrivé de donner, par mon amitié, le pouvoir de me faire facilement de la peine se sont parfois amusés à m'en faire, fréquemment ou rarement, consciemment ou inconsciemment, mais tous quelquefois. Là où je reconnaissais que c'était conscient, je prenais un couteau et je coupais l'amitié, sans d'ailleurs prévenir l'intéressé.

Ils ne se conduisaient pas ainsi par méchanceté, mais par l'effet d'un phénomène bien connu qui pousse les poules, quand elles voient une poule blessée parmi elles, à se jeter dessus à coups de bec.

Tous les hommes portent en eux cette nature animale. Elle détermine leur attitude à l'égard de leurs semblables avec ou sans leur connaissance et leur adhésion. Ainsi parfois, sans que la pensée se rende compte de rien la nature animale dans un homme sent la mutilation de la nature animale dans un autre et réagit en conséquence. De même, pour toutes les situations possibles et les réactions animales correspondantes. Cette nécessité mécanique tient tous les hommes à tous moments ; ils y échappent seulement à proportion de la place que tient dans leurs âmes le surnaturel authentique. »

Simone Weil

Je crois que vivre une relation d'amitié absolue a toujours été mon aspiration. J'avais vingt-cinq ans et je venais de subir un revers, un abandon. C'était la goutte d'eau qui faisait déborder le vase. J'étais au plus mal. Perdu. Me fallait-il renoncer à cette espérance de vivre l'amitié dans tout son éclat ou non ? Quand devais-je pardonner les silences, insister pour rendre à l'amitié toute sa place ? Quand au contraire me fallait-il rompre l'amitié ? Je ne le savais pas.

C'est alors que j'ai lu ce texte de Simone Weil, complètement par hasard. Et j'en ai été secoué. Je l'ai appris par cœur. Je me le suis répété longuement jour après jour pendant des mois. J'avais trouvé une boussole. Je me demande toujours du reste, quand une difficulté survient « M'a-t-on fait du mal volontairement ou non ? »

Le constat impitoyable de Simone Weil m'a soulagé. Enfin quelqu'un qui disait la vérité et n'offrait pas de consolation à deux sous. Je n'ai vécu l'absolu de l'amitié que quelques années plus tard dans la perfection que je cherchais. Cela est venu tout seul. Avoir la chance – la grâce, dirait Simone Weil – de vivre cela n'a fait que renforcer l'importance que j'accorde à ce texte.

Fabrice Midal est philosophe et auteur de plusieurs ouvrages dont : *Risquer la liberté* (Le Seuil, 2009), *Quel bouddhisme pour l'Occident ?* (Le Seuil, 2006), ainsi que *Et si de l'amour on ne savait rien ?* (Albin Michel, 2010).

Faire la paix

Faire la paix, c'est prendre soin de soi autant que de l'autre. C'est ouvrir un espace. C'est parler la langue des anges…

« Dans quelque maison que vous entriez, dites d'abord : Que la paix soit sur cette maison ! »

Luc 10, 5

« Parole de Mendel de Kotzk : "Quand un homme parvient à faire la paix à l'intérieur de lui-même, il devient capable de l'instaurer chez les autres." »

Rapporté par Victor Malka

« Seigneur, fais de moi un instrument de Ta paix !
Là où il y a la haine, que je mette l'amour ;
là où il y a l'offense, que je mette le pardon ;
là où il y a le doute, que je mette la foi ;
là où il y a le désespoir, que je mette la confiance ;
là où il y a la tristesse, que je mette la joie ;
là où il y a l'obscurité, que je mette la lumière.
Ô Seigneur, que je ne cherche pas tant
à être consolé qu'à consoler,
à être compris qu'à comprendre,
à être aimé qu'à aimer.
Car c'est en se donnant que l'on reçoit,
c'est en oubliant qu'on se retrouve soi-même,
c'est en pardonnant que l'on obtient le pardon,
c'est en mourant que l'on ressuscite à la Vie. »

Attribué à François d'Assise

« Main dans la main
Croyez en l'extase des nuages
Qui traversent les grands horizons,
Au petit vent du soir
Au cœur de l'été chaud,
Croyez à la douceur d'une amitié
Ou d'un amour,

À la main qui serre votre main
Car demain, mais n'y pensez pas
Demain éclateront peut-être les nuages
Et le vent emportera vos amours,
Tenez-les serrés,
Ne vous endormez pas
Sur un reproche non formulé,
Endormez-vous réconciliés,
Vivez le peu que vous vivez dans la clarté. »

Julos Beaucarne

« Il n'y a pas de paix sans un amour passionné de la paix. Il n'y a pas de paix sans une volonté farouche de réaliser la paix. La paix attend ses prophètes. [...] La paix attend ses bâtisseurs. [...] La paix est un chantier ouvert à tous et pas seulement aux spécialistes, savants et stratèges. La paix est une responsabilité universelle : elle passe par mille petits actes de la vie quotidienne. Par leur manière journalière de vivre avec les autres, les hommes font leur choix pour ou contre la paix. »

Jean-Paul II

« Tant que je demande, je vis ma misère. Quand je donne, je vis ma plénitude. Donner apporte l'équilibre. La moindre attente me ramène à la misère.

Être heureux parce que quelqu'un m'aime entraîne une souffrance. Une souffrance constante car le doute est toujours présent. On ne peut jamais être à cent pour cent sûr. On éprouve toujours de l'inquiétude. Lorsque je m'en rends compte, je n'éprouve plus le besoin d'être aimé. C'est la découverte de l'amour.

C'est une bonne nouvelle parce que personne ne m'a jamais aimé. Les êtres ne peuvent pas aimer, ils ne savent que vouloir. Ils s'imaginent aimer, mais convoitent quelque chose. Mon amie m'aime beaucoup, mais si je couche avec la voisine, elle m'aime beaucoup moins. C'est cela, l'amour ! Cet amour-là, on n'en a pas besoin…

Quand je réalise que je n'ai pas besoin d'être aimé, une profonde transformation psychologique s'opère. À ce moment-là, je peux aimer quelqu'un sans demande. Je ne crains plus rien. Je n'aime plus quelqu'un pour quelque chose. Quand on aime vraiment quelqu'un, que la personne reste ou parte, on l'aime. C'est un amour sans condition. »

Éric Baret

« Au fond, il n'y a que deux voies : accepter ou refuser. Et chacun refuse d'abord. Comment ne pas refuser ce qui refuse de nous satisfaire ? Comment ne pas refuser la mort, quand on veut vivre ? La solitude, quand on veut être aimé ? La tristesse, quand on veut le bonheur ? Nous voulons que le réel satisfasse nos désirs, et nous constatons que ce n'est pas le cas ; alors nous refusons le réel. Quel nourrisson ne pleure quand le sein se retire ? Quel homme, quelle femme, quand l'amour s'en va ? Pauvres enfants avides et frustrés que nous sommes ! Toujours à rechercher un sein, à nous y accrocher, quand le monde entier est là et se donne ! Il suffirait de lâcher prise, d'accepter le sevrage, la séparation, et c'est ce que nous ne savons pas faire. Quand la vie est décevante (elle l'est toujours pour qui espère), nous pensons que c'est la vie qui a tort. De là ce que Prajnânpad appelle le mental. C'est la pensée, en tant qu'elle nous sépare du vrai. C'est le discours intérieur en tant qu'il nous sépare du réel ou du silence. C'est la vie rêvée en tant qu'elle nous sépare de la vie effective et du bonheur. Je dirais volontiers que le malheur des hommes vient de l'idéalisme. "La réalité face à l'irréalité. La réalité est ce qui est, ce qui nous arrive. C'est oui." [...] Oui à tout ce qui vient, à tout ce qui arrive. Il n'y a que le réel toujours changeant, toujours différent, toujours "un". Il n'y a que tout, et l'unité de tout. Il n'y a que le monde et l'unité du monde. C'est pourquoi il est à prendre ou à laisser (le laisser, c'est mourir), et c'est la seule sagesse en vérité, tout le reste est faux. Tout le reste est illusion ou dénégation. "Vous devez être un 'oui' sans aucun 'non' !" Il y a EST. Il ne peut y avoir DEVRAIT ÊTRE. »

André Comte-Sponville

Je me souviens spontanément de ces deux textes qui m'ont « fait du bien ». Tous deux s'inspirent finalement de cette même école de pensée, celle de la non-dualité de l'Advaïta Védanta. Tous deux ont pour effet d'apporter la paix et ensuite de laisser venir la joie. Ils sont d'une grande justesse et d'une évidente simplicité : de cette simplicité qui, quand elle touche à l'évidence, a ses racines dans ce qu'il y a de plus complexe en nous. Et si elle a le don de nous toucher dans l'immédiat, nous savons qu'il nous faudra du temps pour la faire nôtre à chaque instant de notre vie.

Catherine Bensaid est psychiatre et écrivain. Parmi ses ouvrages : *La Musique des anges : s'ouvrir au meilleur de soi* (Robert Laffont, 2003) et *Qui aime quand je t'aime ?* (Albin Michel, 2005).

Sonner juste

Sonner juste, c'est rendre un son qui est juste. C'est aussi être en cohérence avec soi-même, indépendamment de ce que l'on pense ou attend de nous. Des moments rares, parfois en contradiction avec notre « rôle », mais tellement jubilatoires !

« Notre tâche d'homme est de trouver les quelques formules qui apaiseront l'angoisse infinie des âmes libres. Nous avons à recoudre ce qui est déchiré, à rendre la justice imaginable dans un monde si évidemment injuste, le bonheur significatif pour des peuples empoisonnés par le malheur du siècle. Naturellement, c'est une tâche surhumaine. Mais on appelle surhumaines les tâches que les hommes mettent longtemps à accomplir, voilà tout. »

Albert Camus

« La seule chose en notre pouvoir, c'est de ne pas fausser la voix qui résonne en nous. »

Boris Pasternak

« Les cris les plus forts retournent au néant. Mais un mot juste, doucement prononcé, luira sur le monde longtemps. »

Mahâbhârata

« "Ne sois pas juste à l'excès" (Eccl. 7, 16). Le rabbi de Zlotchov commentait ainsi ce verset : " De même que le mauvais instinct pousse un homme à commettre des péchés, de même le pousse-t-il parfois à vouloir être un grand juste, un homme exceptionnel..." »

Rapporté par Victor Malka

« Quel que soit ton conseil, qu'il soit bref. »

Horace

« Ce qui importe, c'est l'acte, et non pas le résultat de cet acte. Vous devez faire ce qui est juste. Parce que la chose dépasse votre pouvoir, ou parce que le moment n'est pas venu, il se peut que cet acte ne porte pas de fruit. Mais cela ne signifie pas que vous deviez cesser de faire ce que vous croyez juste. Peut-être ne connaîtrez-vous jamais le résultat de ce que vous avez fait. Mais si vous ne faites rien, il n'y aura jamais de résultat. »

Mahatma Gandhi

« Jésus disait à la foule : "Soyez miséricordieux, comme votre Père est miséricordieux.

Ne jugez point, et vous ne serez point jugés ; ne condamnez point, et vous ne serez point condamnés ; absolvez, et vous serez absous. Donnez, et il vous sera donné : on versera dans votre sein une bonne mesure, serrée, secouée et qui déborde ; car on vous mesurera avec la mesure dont vous vous serez servis." »

Luc 6, 36-38

« Vous n'aimez pas souffrir vous-même. Comment pouvez-vous donc infliger des souffrances à autrui ? Contentez-vous de chasser les moustiques puisque leurs piqûres vous font mal. »

Ramana Maharshi

De la clémence, avant toute chose

Sois béni, toi dont je ne vois que la surface et dont je ne connais ni les intentions, ni les blessures, ni les espoirs, ni le cœur. Béni sois-tu pour tous les beaux gestes que tu poses et dont je ne sais rien.

« Abordez toute chose et tous les êtres avec un beau visage de clémence. »

Maître Dôgen

« Si tu éloignes du milieu de toi le joug,
les gestes menaçants et les discours injurieux,
[...]
ta lumière se lèvera sur l'obscurité,
et tes ténèbres seront comme le midi. »

Isaïe 58, 9-10

« La saloperie des autres est aussi en nous. Et je ne vois pas d'autre solution que de rentrer en soi-même et d'extirper de son âme toute cette pourriture. Je ne crois plus que nous puissions corriger quoi que ce soit dans le monde extérieur, que nous n'ayons d'abord corrigé en nous. »

Etty Hillesum

« Il n'y a pas de faute. Nous sommes pris dans des héritages si anciens et si tenaces. Il n'y a pas de faute. Ils ont fait comme ils ont pu. Et il en est ainsi pour chacun. »

Lorette Nobécourt

« À un ennemi encerclé,
Vous devez laisser une voie de sortie. »

Sun Tzu

« Il y a une infinie douceur à aller au-devant de l'amour, au-devant de la demande. Il y a une lumineuse noblesse à offrir ce qui nous manque. »

Marie de Solemne

« Je crois en l'homme, cette ordure.
Je crois en l'homme, ce fumier,
Ce sable mouvant, cette eau morte.

Je crois en l'homme, ce tordu,
Cette vessie de vanité.
Je crois en l'homme, cette pommade,
Ce grelot, cette plume au vent,
Ce boute-feu, ce fouille-merde.
Je crois en l'homme, ce lèche-sang.

Malgré tout ce qu'il a pu faire
De mortel et d'irréparable,
Je crois en lui
Pour la sûreté de sa main,
Pour son goût de la liberté,
Pour le jeu de sa fantaisie. »

Pour son vertige devant l'étoile.
Je crois en lui
Pour le sel de son amitié,
Pour l'eau de ses yeux, pour son rire,
Pour son élan et ses faiblesses.

Je crois à tout jamais en lui
Pour une main qui s'est tendue.
Pour un regard qui s'est offert. »

Lucien Jacques

« Homme, rien n'est imparfait, le caillou vaut le rubis,
la grenouille n'est-elle pas aussi belle qu'un séraphin ? »

Angelus Silesius

« Nouvelle forme de psychologie morale : on a cru que les vices recensés par les religions et les morales étaient inégalement distribués entre les hommes et qu'il en était de connus dont un individu normal pouvait être exempt. Nous savons aujourd'hui qu'un homme contient tout l'être et qu'il est à la fois tout le bien et tout le mal. Aussi, vous auriez tort de piquer, dans la liste des péchés capitaux, ceux dont vous êtes affranchi. Vous êtes à la fois paresseux, gourmand, luxurieux, etc., et aussi, sobre, chaste, etc. L'homme à qui il manquerait un défaut serait un monstre. »

Joë Bousquet

La force de nos fragilités

On se protège de la fragilité alors que rien n'attire autant la Vie que ce creux en nous, cette douceur cachée... À celui qui est humble et faible, elle offre sa sève vitale en abondance.

« Fragilité et souplesse sont compagnons de la vie. »

Lao-tseu

« Ne croyez pas que celui qui essaie de vous réconforter vive sans effort parmi les mots simples et sereins qui parfois vous font du bien. Sa vie connaît tant de peines et de tristesses qui le laissent loin derrière elles. S'il en allait autrement, il n'aurait jamais pu trouver ces mots-là. »

Rainer Maria Rilke

« Ne méprisez la sensibilité de personne.
La sensibilité de chacun, c'est son génie. »

Charles Baudelaire

« Qui serions-nous sans nos blessures ?
C'est du chant profond de ce visage blessé
Que je me reçois capable de tendresse,
Capable de pardon.
Et c'est sous l'empreinte
D'inguérissables blessures
Que je reçois ferme assurance et pouvoir de dire :
Personne n'est jamais un être "fini". »

Paul Baudiquey

« Un homme sans défauts est une montagne sans crevasses. Il ne m'intéresse pas.
(Règle de sourcier et d'inquiet.) »

René Char

« Une histoire de fragilité souveraine. Un jour, j'ai rencontré une collègue qui travaillait dans un hôpital psychiatrique. [...] Cette femme très petite en taille travaillait dans un service particulièrement rude, avec des patients hommes dont certains dans des états de grande agitation et de violence. Elle a lu dans mon esprit la question que je n'osais lui poser : comment faisait-elle, si petite et si fragile, pour travailler dans un tel service ? Alors, elle m'a raconté ceci :

– Quand un homme particulièrement costaud et violent arrive dans le service, un patient que le personnel ne parvient pas à maîtriser, c'est moi qu'on envoie.

– Toute seule ? demandai-je étonnée.

– Oui, me dit-elle, lorsqu'il me voit, il n'a tellement rien à craindre de moi – il pourrait facilement me réduire en miettes – qu'il arrête de s'agiter, on peut parler.

Ce que la force ne peut pas, la fragilité le peut : elle est présence sans être menace pour l'autre. »

Marie Balmary

« On sent qu'on souffre, on ne sent pas toujours qu'on aime et c'est une grande souffrance de plus ! Mais on sait qu'on voudrait aimer, et vouloir aimer c'est aimer. »

Charles de Foucauld

« Les yeux qui n'ont pas pleuré ne voient rien. »

Louis Veuillot

« Tes actes sont certes le tissu de ton âme. Mais ne te fie pas à leur apparence. Car c'est l'intention qui les traverse qui leur insuffle la vie. Un acte mauvais qui te rapproche vaut mieux qu'un bel acte qui t'éloigne. Une impuissance qui te permet de faire retour à la vérité vaut mieux pour toi que la superbe de ta prétendue vertu. »

Faouzi Skali

« Rien n'est acquis de manière définitive. Parfois, on croit s'en être sorti, avoir franchi une étape, et le petit détail vient rappeler notre fragilité, la jeunesse de notre guérison. Mais même lorsqu'on rechute, pour celui qui progresse, la direction est donnée. Le progrès réalisé hier nous montre qu'il est possible d'y arriver et ce quand bien même j'échouerais mille fois. »

Alexandre Jollien

« Fragile, comme une terre sans eau, qui nous invite à prendre soin d'elle. Fragile comme toi, fragile comme moi…

Et si c'était vrai ? Si elle était fondée, cette espérance que de nos blessures s'inventent nos renaissances ? Et si c'était *vraiment vrai*, comme disent les enfants, qu'être fragiles nous rend plus vivants ? »

Équipe de Bernard Ugeux

Ne pas juger

Les apparences, piètres déguisements, ne sont pas des paramètres fiables. Oui, nous sommes des êtres incomplets. Mais les intentions de l'autre appartiennent définitivement à son mystère.

Laissons à chacun son espace et le temps de trouver la voie qui est la sienne. Si nous pouvions faire davantage, nous le ferions. Ne flagellons pas, ne nous flagellons pas.

« La vraie faute, c'est quoi ? C'est de ne pas aimer, c'est de manquer d'amour ! C'est rendre l'autre malheureux, le juger, le condamner, ne pas lui permettre de s'épanouir, de s'accomplir. »

Stan Rougier

« On est châtié par où l'on pèche. »

Sagesse 11, 16

« Juger est une illusion parce que si vous devez juger, vous vous servez de votre propre échelle de valeurs (*standard*). Derrière le jugement se cache la croyance que tout le monde est identique. Quand vous dites “vous devriez faire cela”, vous imaginez que vous êtes à la place de votre interlocuteur. Mais vous n'y êtes pas, vous vous identifiez à lui. Il n'est pas question de dire “il aurait pu”. S'il l'avait pu, il l'aurait fait. S'il ne l'a pas fait, c'est qu'il ne pouvait pas. »

Svâmi Prajnânpad

« Abstenons-nous de tout courroux et gardons-nous de jeter des regards irrités. Et n'ayons nul ressentiment si les autres ne pensent pas comme nous. Car tous les hommes ont un cœur, et chaque cœur a ses penchants. Ce qui est bien pour autrui est mal pour nous, et ce qui est bien pour nous est mal pour autrui. Nous ne sommes pas nécessairement des sages et les autres ne sont pas nécessairement des sots. Nous ne sommes tous que des hommes ordinaires. »

Constitution du Japon du prince impérial Shôtoku

« Avoir assez d'empire sur soi-même pour juger des autres par comparaison avec nous,
et agir envers eux comme nous voudrions que l'on agît envers nous-mêmes, c'est ce que l'on peut appeler la doctrine d'humanité ; il n'y a rien au-delà. »

Confucius

« Juger, c'est de toute évidence ne pas comprendre, puisque si l'on comprenait, on ne pourrait pas juger. »

André Malraux

Donner, absolument

Donner son attention, son temps, ses forces... Donner à brassées ce que l'on a, ce que l'on veut être. Donner et redevenir nu, dépouillé de tout, sauf de la Vie qui circule à travers nous.

« J'avais cette boulimie qu'on a à vouloir tout donner parce qu'on se dit : ce ne sera jamais assez à côté de ce qu'on a reçu. »

Laurent Mauvignier

« Donne tant que tu as.
Quand tu n'as plus rien, demande.
Donne à d'autres l'occasion de te faire du bien.
C'est une secrète et très fine charité. »

Lanza del Vasto

« La valeur de ma vie dépend de ma capacité à la donner. »

Pierre Claverie

« Je l'avais bien senti, bien des fois, l'amour en réserve. Y en a énormément. On peut pas dire le contraire. Seulement c'est malheureux qu'ils demeurent si vaches avec tant d'amour en réserve, les gens. Ça ne sort pas, voilà tout. C'est pris en dedans, ça reste en dedans, ça leur sert à rien. Ils en crèvent en dedans, d'amour. »

Louis-Ferdinand Céline

« L'important n'est pas d'aimer mais de donner quelque chose à aimer. »

Jean Grenier

« Ce n'est pas assez de posséder le soleil si nous ne sommes capables de le donner. »

Paul Claudel

« Ce que vous donnez à quelqu'un, vous le gagnez.
Ce que vous gardez, vous le perdez. »

Proverbe persan

« Et tant que nous n'avons pas tout, absolument tout donné, nous savons bien que nous n'avons même pas commencé à aimer. »

Geneviève de Gaulle Anthonioz

« Sachez-le, celui qui sème peu moissonnera peu, et celui qui sème abondamment moissonnera abondamment. Que chacun donne comme il l'a résolu en son cœur, sans tristesse ni contrainte ; car Dieu aime celui qui donne avec joie. »

2e Épître de Paul aux Corinthiens 9, 6-7

« Prier pour les hommes veut dire : donner son propre cœur. »

Archimandrite Sophrony

« Apprenez à ne répandre que votre plénitude. »

Bernard de Clairvaux

« Quand je veux dire à Jésus : "Tu sais que je t'aime", Il me dit : "N'oublie pas que la mesure de ton amour pour la personne que tu aimes le moins est le coefficient de ton amour pour moi." »

Paulette Boudet

« Vous ne donnez que peu lorsque vous donnez de vos biens. C'est lorsque vous donnez de vous-mêmes que vous donnez réellement. [...] Car en vérité c'est la vie qui donne à la vie – alors que vous, qui vous imaginez être donneurs, n'êtes en réalité que témoins. »

Khalil Gibran

« Tout ce que tu ne sais pas donner te possède. »

André Gide

Être empli de gratitude

La gratuité porte la gratuité, elle fait naître la grâce. Rien ne m'est dû. Tout est don.

« Le bonheur est un état d'esprit, et la gratitude est l'un de ses joyeux exercices. »

Alexandre Jollien

« J'ai ce que j'ai donné. »

Jean Giono

« Le mot qui me vient le plus souvent aux lèvres est merci. Quand une personne est dénuée de gratitude, il y a une lacune dans son humanité. On pourrait presque définir quelqu'un par son attitude envers la gratitude [...] Pour moi, chaque heure est grâce. »

Elie Wiesel

« Dans la vie de tous les jours il est cent occasions de remercier : merci de respirer, de marcher, merci pour ce bon livre, pour ce regard croisé dans la rue, merci pour cet oiseau à ma fenêtre, pour le jour qui se lève, et les nuages dorés du soir, merci pour les mots et pour le silence, merci pour les personnes que je connais, que j'aime, et pour les "amis inconnus" dont parle le poète Jules Supervielle, qui peuplent le vaste monde ; merci aux mimosas d'embaumer au cœur de l'hiver, à l'orage de libérer la pluie et merci à la neige qui adoucit toute chose.

Seul le remerciement sanctifie le quotidien, à la manière dont le sourire illumine le visage le plus "ingrat". »

Jacqueline Kelen

« La beauté de la Création préexiste à notre regard, mais si nous ne la voyons pas, si nous ne la célébrons pas, elle est en quelque sorte perdue. Tout ce que nous ne mettons pas au monde de louange et de gratitude n'y est pas et n'y sera jamais. »

Christian Bobin

« Quand tu te lèves le matin, remercie pour la lumière du jour, pour ta vie et ta force. Remercie pour la nourriture et le bonheur de vivre. Si tu ne vois pas de raison de remercier, la faute repose en toi-même. »

Tecumseh (chef indien Shawnee)

« Ce plaisir que je te dois, ce n'est pas pour moi seul. Cette joie, c'est la nôtre. »

André Comte-Sponville

« La gratitude est par définition antihéroïque, elle ne dépend pas de mon talent, de ma force ou de mon originalité. Elle repose sur ma capacité à être "vulnérable", c'est-à-dire à accepter de me faire aider et à être content de recevoir ce soutien. »

Piero Ferrucci

Le miracle de l'amitié

Amitié, cet immense sentiment réciproque où l'on se rend bon et où l'on s'aide mutuellement à devenir soi-même. Car l'ami rend justice à ce que l'autre est en vérité.

« L'amitié est un miracle ; la vie me l'a appris. »

Henning Mankell

« À l'oiseau le nid ; à l'araignée la toile ; à l'homme l'amitié. »

William Blake

« Un ami, un véritable ami, c'est aussi un témoin, quelqu'un dont le regard permet d'évaluer mieux sa propre vie. »

Emmanuel Carrère

« Apprends à repousser l'amitié, ou plutôt le rêve de l'amitié. Désirer l'amitié est une grande faute. L'amitié doit être une joie gratuite comme celles que donne l'art, ou la vie. Il faut la refuser pour être digne de la recevoir : elle est de l'ordre de la grâce. »

Simone Weil

« L'amitié est toujours une douce responsabilité, jamais une opportunité. »

Khalil Gibran

« Heureux que je suis ! je l'ai trouvé, je t'ai choisi entre des millions d'hommes, et entre des millions d'hommes, tu m'as appelé ton ami. Laisse le Chaos ébranler ce monde et les atomes s'agiter, nos cœurs fuiront toujours l'un vers l'autre. Dans le feu de tes yeux, je vois une joie se refléter. Je me considère en toi avec surprise ; par l'amitié qui nous lie, la terre riante me semble plus belle, et le ciel plus pur. »

Friedrich von Schiller

« Où trouverai-je un ami aussi pur et sincère, en un temps où l'amitié est devenue un commerce auquel on recourt lorsque la nécessité d'une affaire oblige de faire appel à l'ami, tandis que l'on renonce aux égards envers lui dès que le besoin en a disparu ? [...] Il existe, il est vrai, des frères qu'unit une même parenté divine, des amis que rassemble le même voisinage d'en haut. »

Avicenne

« À chacun sa vie : c'est le secret de l'amitié. »

Daniel Pennac

« Deux amis sont comme des coquillages; ils ne cessent leur murmure. »

Tradition orale swahili

« La profonde légèreté de l'amitié
Toujours présente, jamais pesante, telle devrait être la devise de toute amitié. »

Tahar Ben Jelloun

« On n'apprend pas l'amour, il existe. On n'apprend pas davantage l'amitié. »

Francesco Alberoni

« Je te recevrai par amour pour toi, tel que tu es. Si tu boites, je ne te demanderai pas de danser. Si tu hais tel ou tel, je ne te les infligerai pas comme convives. Si tu as besoin de nourriture, je te servirai. »

Antoine de Saint-Exupéry

« Tel est le véritable ami : celui qui accueille la parole de l'autre sans la mettre en doute et sans se moquer ; celui qui prend au sérieux ses doutes, ses inquiétudes et qui n'esquive ni ne minimise les souffrances et les angoisses qui lui sont confiées. »

Jacqueline Kelen

Aimer en vérité

Aimer est un art qui exige de trouver sa place, c'est-à-dire la juste présence dans une juste distance.

L'amour est don ou il n'est pas.

« C'est si bon d'apprendre toujours à nouveau à renoncer à l'autre. Au fond, une relation n'est rien d'autre, ou n'aurait besoin d'être autre chose qu'une continuelle renonciation l'un à l'autre, afin de se rencontrer encore plus intensément sur une plaine plus élevée. »

Etty Hillesum

« La vérité est à faire ; vérité et mensonge ne sont pas des substances mais des modes d'existence, des façons de vivre. On voit la vérité se faire quand l'arbre donne du fruit : notre parole vraie libère les autres et nous libère. [...] Je t'aime dans l'exacte mesure où je suis vrai(e) avec toi, l'un ne va pas sans l'autre. [...] Plus je travaille à faire la vérité en moi, mieux je me prépare à t'aimer. »

Lytta Basset

« Pourquoi la fleur s'est-elle fanée ? Je la pressai contre mon cœur avec inquiétude : voilà pourquoi la fleur s'est fanée.

Pourquoi la rivière s'est-elle tarie ? Je mis une digue en travers d'elle afin qu'elle me servît à moi seul : voilà pourquoi la rivière s'est tarie. »

Rabindranath Tagore

« Aimer un être, c'est tout simplement reconnaître qu'il existe autant que vous. »

Simone Weil

« Ceux qui savent nous aimer nous accompagnent jusqu'au seuil de notre solitude puis restent là, sans faire un pas de plus.

Ceux qui prétendent aller plus loin dans notre compagnie restent en fait bien plus en arrière. »

Christian Bobin

Consentir à aimer

Jour après jour, dans le geste et l'attention discrets, se tourner vers l'autre. Apprendre à dire « toi », et pas seulement « moi », « toi d'abord » au lieu de « moi d'abord »… Un chemin d'alliance et de liberté éblouissant.

« Je crois que l'amour est un sacrement qu'il faut recevoir à genoux. »

Maurice Zundel

« Voici ce qui nous arrive dans le domaine musical : il faut avant tout *apprendre à entendre* une figure, une mélodie, savoir la discerner par l'ouïe, la distinguer, l'isoler et la délimiter en tant qu'une vie en soi : ensuite il faut de l'effort et de la bonne volonté pour la *supporter*, en dépit de son étrangeté, user de patience pour son regard et pour son expression, de tendresse pour ce qu'elle a de singulier ; – vient enfin le moment où nous y sommes *habitués*, où nous l'attendons, où nous sentons qu'elle nous manquerait, si elle faisait défaut ; et désormais elle ne cesse pas d'exercer sur nous sa contrainte et sa fascination jusqu'à ce qu'elle ait fait de nous ses amants humbles et ravis, qui ne conçoivent de meilleure chose au monde et ne désirent plus qu'elle-même, et rien qu'elle-même.

Mais ce n'est pas seulement en musique que ceci nous arrive : c'est justement de la sorte que nous avons *appris à aimer* tous les objets que nous aimons maintenant. Nous finissons toujours par être récompensés pour notre bonne volonté, notre patience, notre équité, notre tendresse envers l'étrangeté, du fait que l'étrangeté peu à peu se dévoile et vient s'offrir à nous en tant que nouvelle et indicible beauté : c'est là sa *gratitude* pour notre hospitalité. Qui s'aime soi-même n'y sera parvenu que par cette voie : il n'en est point d'autre. L'amour aussi doit s'apprendre. »

Friedrich Nietzsche

« Je reconnais l'amour à la sensation d'être, devant lui, simplifié. »

Christian Bobin

« Chaque jour nous inspirons le souffle d'amour que nous sommes capables de supporter, comme on prend le bol d'air qu'on peut contenir. [...] Il est notre nécessité du moment. D'autres suivront. Un seul pas à la fois. Cela paraît peu, c'est suffisant. »

Lytta Basset

« La relation, pour qu'elle reste de l'eau vive, demande d'être en éveil. Il faut rester en éveil quand on devient un couple ; être soi-même sa propre sentinelle. Être déjà en état de veille : veiller sur la relation comme on veillerait sur un enfant. La voir grandir et l'élever : la voir s'élever. Belle et lumineuse, comme une flamme. Mais la flamme est fragile qui demande à être entretenue. Un souffle violent et elle s'éteint ; une absence d'air et elle est amenée à disparaître. Aimer dans la conscience du souffle qui nous traverse, c'est revenir à la source et ne pas se perdre dans la soif. [...] Certainement peut-on apprendre avec le temps à aimer. Apprendre la patience et la persévérance pour aller à la source de mon désir et pour aller vers toi, pour découvrir l'amour au travers de ton visage, mieux te connaître dans ta similitude et ta différence, faire l'expérience d'une soif qui n'est pas souffrance, et croire enfin l'amour possible. »

Catherine Bensaid

« La vie de chacun d'entre nous n'est pas une tentative d'aimer. Elle est l'unique essai. »

Pascal Quignard

« Je me croyais mal aimé tandis que c'était moi qui aimais mal. »

Guillaume Apollinaire

« Laisser celui qu'on aime entièrement libre. Le laisser vivre sa vie, c'est la chose la plus difficile au monde. »

Etty Hillesum

« Prendre puissance sur, c'est souiller. Posséder, c'est souiller. Aimer purement, c'est consentir à la distance, c'est adorer la distance entre soi et ce qu'on aime. »

Simone Weil

« Si je peux transmettre une certitude à ceux qui vont mener la lutte pour mettre plus d'humanité en tout, c'est – décidément, je ne peux pas écrire autre chose : "La vie, c'est apprendre à aimer." »

Abbé Pierre

Nés les uns pour les autres

Tu m'apprends qui je suis, tu me défies, tu me renvoies mes mille visages. Certains m'échappent ou me trahissent, d'autres me subliment. Sans toi, je ne saurais rien de moi. Nous nous mettons mutuellement au monde…

« Nous sommes nés les uns pour les autres. »

Marc Aurèle

« Tous viennent vers moi et moi je vais vers eux,
Et, dans la mesure où cela se peut, je suis plus ou moins chacun d'eux,
Et avec eux tous sans exception je tisse le chant de moi-même. »

Walt Whitman

« À ceci tous connaîtront que vous êtes mes disciples, si vous avez de l'amour les uns pour les autres. »

Jean 13, 35

« On ne peut connaître sa meilleure part que grâce à la connaissance de la meilleure part de l'autre. »

François Cheng

« Jamais vous ne pourrez vous voir vous-même dans un miroir. Un miroir peut être utile à votre toilette, voire indispensable, mais ce n'est pas dans un miroir que vous trouverez la révélation de vous-même.

La vie profonde échappe à la réflexion du miroir ; elle ne peut se connaître que dans un autre et pour lui. Quand vous vous oubliez parce que vous êtes devant un paysage qui vous ravit, ou devant une œuvre d'art qui vous coupe le souffle, ou devant une pensée qui vous illumine, ou devant un sourire d'enfant qui vous émeut, vous sentez bien que vous existez, et c'est même à ces moments-là que votre existence prend tout son relief, mais vous le sentez d'autant plus fort que justement l'événement vous détourne de vous-même. C'est parce que vous ne vous regardez pas que vous vous voyez réellement et spirituellement, en regardant l'autre et en vous perdant en lui. C'est cela le miracle de la connaissance authentique. Dans le mouvement de libération où nous sortons de nous-mêmes, où nous sommes suspendus à un autre, nous éprouvons toute la valeur et toute la puissance de notre existence... Dans ce regard vers l'autre, nous naissons à nous-mêmes. »

Maurice Zundel

« Seuls, nous ne pourrions que nous isoler du monde ; réunis, nous allons pouvoir le transformer. »

Éric-Emmanuel Schmitt

« Une personne humaine est une ample demeure aux corridors inconnus, sa dimension intérieure l'habite et creuse mystérieusement son intimité. Nous ne savons jamais le tout d'un être, même le plus aimé, surtout du plus aimé. Au contraire, aimer c'est vouloir que l'autre soit une source inépuisable de richesse et qu'à mesure que la part connue de sa personne se fait transparente, la part de l'inconnu augmente et approfondisse de nouvelles perspectives pour de nouveaux ravissements. »

René Habachi

Être inspiré par l'amour

Sur les traits de l'élu(e), l'amant(e) quête le mystère : un visage attend d'être dévoilé.

« Je veux faire de toi
ce que fait le printemps
avec les cerisiers. »

Pablo Neruda

« Il arrive que l'amour, le plaisir ou la joie nous libèrent quelque peu de nous-mêmes, de notre avidité, de notre égoïsme, il se peut même que l'amour purifie l'amour jusqu'à ce point peut-être où le sujet se perd et se sauve, quand il n'y a plus que la joie, quand il n'y a plus que l'amour. »

André Comte-Sponville

« L’amour, c’est l’occasion unique de mûrir, de prendre forme, de devenir soi-même un monde, pour l’amour de l’être aimé. C’est une haute exigence, une ambition sans limite, qui fait de celui qui aime un élu qu’appelle le large. »

Rainer Maria Rilke

« Pour avoir droit à une étincelle d’éternité, il faut avoir aimé. »

Jacques Attali

« Je t’aime, autrement dit je me réjouis que tu sois ce que tu es ; et je ferai tout pour que tu le deviennes davantage. »

Maurice Bellet

« On ne saurait toujours dire ce que c’est qui enferme, ce qui mure, ce qui semble enterrer, mais on sent pourtant je ne sais quelles barres, quelles grilles, des murs. Sais-tu ce qui fait disparaître la prison, c’est toute affection profonde, sérieuse. Être amis, être frères, aimer, cela ouvre la prison par puissance souveraine, par charme très puissant. Mais celui qui n’a pas cela demeure dans la mort. »

Vincent Van Gogh

« Ce court précepte t'est donné une fois pour toutes :
Aime et fais ce que tu veux.
Si tu te tais, tais-toi par amour,
Si tu parles, parle par amour,
Si tu corriges, corrige par amour,
Si tu pardonnes, pardonne par amour.
Aie au fond du cœur la racine de l'amour :
De cette racine, rien ne peut sortir de mauvais. »

Saint Augustin

« Quand je parlerais la langue des hommes et celle des anges, s'il me manque l'amour, je suis un métal qui résonne, une cymbale retentissante.
Quand j'aurais le don de prophétie, la connaissance de tous les mystères et de toute la science, quand j'aurais la foi la plus totale, celle qui transporte les montagnes, s'il me manque l'amour, je ne suis rien.
Quand je distribuerais tous mes biens aux affamés, quand je livrerais mon corps aux flammes,
S'il me manque l'amour, je n'y gagne rien.
L'amour prend patience, l'amour rend service, il ne jalouse pas, il ne plastronne pas, il ne s'enfle pas d'orgueil.
Il ne fait rien de laid, il ne cherche pas son intérêt, il ne s'irrite pas, il n'entretient pas de rancune.

Il ne se réjouit pas de l'injustice, mais il trouve sa joie dans la vérité ;
Il excuse tout, il croit tout, il espère tout, il endure tout. »

1re Épître de Paul aux Corinthiens, 13

« La vraie aventure de vie, le défi clair et haut n'est pas de fuir l'engagement mais de l'oser. Libre n'est pas celui qui refuse de s'engager. Libre est sans doute celui qui ayant regardé en face la nature de l'amour – ses abîmes, ses passages à vide et ses jubilations – sans illusions, se met en marche, décidé à en vivre coûte que coûte l'odyssée, à n'en refuser ni les naufrages ni le sacre, prêt à perdre plus qu'il ne croyait posséder et prêt à gagner pour finir ce qui n'est coté à aucune Bourse : la promesse tenue, l'engagement honoré dans la traverse sans feintes d'une vie d'homme. »

Christiane Singer

« Pourquoi l'amour est-il d'une richesse sans commune mesure avec d'autres possibilités accordées à l'être humain, et un suave fardeau à ceux qu'il atteint, sinon parce que nous nous métamorphosons en ce que nous aimons tout en demeurant nous-mêmes ? »

Martin Heidegger

Laisser éclore l'amour

L'amour monte lentement vers le soleil. Son éclosion est délicate. Il faut prendre tout son temps et en laisser à l'autre : l'amour ne se brusque pas. Sans quoi il perd sa direction, sa verticalité, et fane…

« C'est en croyant aux roses qu'on les fait éclore. »

Anatole France

« Un sentiment qui rend un être différent de tous les autres, qui vous permet de vous sentir exister sur le mode majeur, ça mérite une extrême attention. Donc, une discipline. *Si tu ne veux la perdre, tu ménageras celui en qui ta joie demeure,* dit l'Écriture. Ne souriez pas. Si ma citation a changé de contexte, elle s'applique à merveille ; et son aspect religieux ne laisse pas de suggérer que la différence entre les instables et les constants vaut celle qui partage les agnostiques et les croyants.

Certain que l'amour existe "pour l'avoir rencontré", je suis cette fois parmi les croyants. Je le tiens de la loterie des rencontres, comme tout le monde. Mais je le maintiens contre elle. L'amour, né du hasard, a ce curieux privilège, si je le veux, d'abolir le hasard. »

Hervé Bazin

« Ta lèpre, c'est de l'amour inemployé. »

Jean Giono

« Il faut aimer au-dessus de ses moyens. »

Jacques de Bourbon Busset

« Si vous voulez parvenir au bout de vous-mêmes, méfiez-vous surtout de tout ce qui isole, de tout ce qui rejette et de tout ce qui sépare. Chacun, dans votre ligne, pensez et agissez universel, c'est-à-dire total. Et demain, peut-être, avec surprise, vous découvrirez que rien ne vous oppose. Et que vous pouvez vous aimer. »

Pierre Teilhard de Chardin

« Dans ma relation avec les êtres, je me situe toujours le plus bas possible, pour être au plus près de l'humus. Ce n'est qu'ainsi que l'on peut cueillir, ébloui, les trésors de la vie. La vraie beauté est jaillissement depuis la racine. »

François Cheng

« Chez nous, le mot amour ne se dit pas. Il tremble, il frissonne, il vole, il plane, il est partout dans l'air – mais personne ne le dit.

C'est que chez nous, la parole n'est pas comme chez vous une partie du monde, une île déserte dans l'océan du silence. Chez nous, la parole est plus que le monde, plus que le ciel et le soleil. Elle est comme un petit morceau de Dieu, coincé entre les dents. On ne l'en déloge qu'avec prudence, et seulement pour les grandes occasions. »

Christian Bobin

Extraire l'amour de tout

Aimer est une décision, une posture. On décide d'aimer quoi qu'il arrive, quoi qu'il en coûte. On décide d'aimer quand même. Sans cela, notre amour n'est qu'un état d'âme qui risque les courants d'air…

« Là où il n'y a pas d'amour, mettez l'amour, et vous extrairez l'amour. »

Jean de la Croix

« Je pleure, disait un grand disciple de saint François d'Assise, Jacopone da Todi, je pleure parce que l'Amour n'est pas aimé. Il importe donc, essentiellement, de garder la paix, de vivre avec Dieu dans une entière confiance et, lorsque notre fragilité, notre fatigue, nos limites ou celles des autres nous provoquent au ressentiment, à la colère, à l'indignation ou au découragement, ne jamais nous arrêter une seconde à cet état, ne jamais demeurer dans le sentiment écrasant de la faute, mais tout de suite, sachant qu'il ne s'agit que d'aimer, nous tourner vers Lui, qui ne cesse jamais de nous attendre. »

Maurice Zundel

« Aimez tous les hommes, même vos ennemis, non parce qu'ils sont vos frères mais pour qu'ils soient vos frères. »

Saint Augustin

« *Va*, aime quand même. Et tu sais, c'est de ceci : aimer quand même, qu'est fait l'amour. »

Valery Larbaud

« Qu'il y ait, en cet instant où j'écris, deux personnes qui s'aiment dans une chambre, deux notes qui bavardent en riant, c'est assez pour me rendre la terre habitable. »

Christian Bobin

« Les gens sont déraisonnables, illogiques et égocentriques
Aimez-les tout de même !
Si vous faites le bien, les gens vous prêtent des motifs égoïstes ou calculateurs
Faites le bien tout de même !
Si vous réussissez, vous gagnerez de faux amis et de vrais ennemis
Réussissez tout de même !
Le bien que vous faites sera oublié demain
Faites le bien tout de même !
L'honnêteté et la franchise vous rendent vulnérable
Soyez honnête et franc tout de même !
Ce que vous avez mis des années à construire peut être détruit du jour au lendemain
Construisez tout de même !
Les pauvres ont vraiment besoin de votre secours mais certains peuvent vous attaquer si vous les aidez
Aidez-les tout de même !
Si vous donnez au monde le meilleur de vous-même, vous risquez d'y laisser des plumes
Donnez ce que vous avez de mieux tout de même ! »

Mère Teresa

« Il est bon d'être seul parce que la solitude est difficile. Qu'une chose soit difficile doit nous être une raison de plus de nous y tenir. Il est bon aussi d'aimer ; car l'amour est difficile. L'amour d'un être humain pour un autre, c'est peut-être l'épreuve la plus difficile pour chacun de nous, c'est le plus haut témoignage de nous-mêmes ; l'œuvre suprême dont toutes les autres ne sont que les préparations. »

Rainer Maria Rilke

« Aimez vos ennemis, faites du bien à ceux qui vous haïssent,

bénissez ceux qui vous maudissent, priez pour ceux qui vous maltraitent. »

Luc 6, 27b-28

Tous uniques, tous nécessaires

Toi l'utile et moi l'inutile, moi l'utile et toi l'inutile.

Chaque jour, chacun à sa place, apporter sa lumière, aussi discrète soit-elle. Chaque jour, un cœur bat à nul autre pareil.

Aucun de nous ne doit faire défaut.

« Toute personne est une histoire sacrée. »

Jean Vanier

« Chaque personne née en ce monde représente quelque chose de nouveau, quelque chose qui n'existait pas auparavant, quelque chose d'original et d'unique. [...] Chaque homme pris à part est une créature nouvelle dans le monde et il est appelé à remplir sa particularité en ce monde. La toute première tâche de chaque homme est l'actualisation de ses possibilités uniques, sans précédent et jamais renouvelées et non la répétition de quelque chose qu'un autre, fût-ce le plus grand de tous, aurait déjà accompli. »

Martin Buber

« Un instant de la vie d'un homme a la valeur d'une vie.
Un seul de ses cheveux qui tombe vaut un trésor.
Et c'est aussi un homme celui qui montre, par ses paroles,
Que de ne pas le voir, c'est perdre un royaume. »

Djalâl al-Dîn Rûmî

« Avec chaque homme, vient au monde quelque chose de nouveau qui n'a pas encore existé, quelque chose d'initial et d'unique. Rabbi Zousya disait, peu avant sa mort : "Dans le monde qui vient, la question qu'on va me poser ce n'est pas : Pourquoi n'as-tu pas été Moïse ? Non, la question qu'on va me poser c'est : Pourquoi n'as tu pas été Zousya ?" »

Simone Pacot

« Vous n'êtes pas interchangeables. Vous avez chacun un visage qui ne peut être reproduit. Vous avez chacun reçu de Dieu quelque chose qu'Il n'a donné qu'à vous.

Vous êtes relié à Dieu par un secret unique et vous seul pouvez faire rayonner ce secret unique qui n'a été confié qu'à vous seul. »

Maurice Zundel

« Quand deux sages confrontent leurs idées, ils en produisent de meilleures ; le jaune et le rouge mélangés produisent une autre couleur. »

Proverbe tibétain

« Pour chacun une bouche deux yeux deux mains deux
jambes
Rien ne ressemble plus à un homme qu'un autre homme
Alors entre la bouche qui blesse et la bouche qui console
entre les yeux qui condamnent et les yeux qui éclairent
entre les mains qui donnent et les mains qui dépouillent
entre les pas sans trace et les pas qui nous guident
où est la différence
la mystérieuse différence? »

Jean-Pierre Siméon

« Il y a plus d'une sagesse et toutes sont nécessaires au monde : il n'est pas mauvais qu'elles alternent. »

Marguerite Yourcenar

« Nature qui ne fais aucune différence entre les êtres et pour qui le jour et la nuit sont équivalents.

Fais en sorte que je considère les hommes comme des insectes, les insectes comme des hommes et le Tout ensemble comme un Rien.

Délivre-moi du mal, c'est-à-dire de la croyance que quelque chose soit à éviter et par conséquent de la peur et du scrupule ; délivre-moi du bien, c'est-à-dire de la croyance que quelque chose puisse être désiré, et par conséquent de l'envie, de la jalousie, de la cupidité et de l'orgueil.

Donne-moi la liberté du vent. »

Jean Grenier

« La présence ne donne pas simplement de la vie à celui qui la vit. Elle en donne à tous ceux qui vivent autour de lui. Elle rayonne en réveillant les morts. Le miracle cesse alors d'être un vain mot. Il existe. Un être humain peut en sauver un autre. Il suffit qu'un désir se lève. »

Bertrand Vergely

« Ce qu'un autre aurait aussi bien fait que toi, ne le fais pas. Ce qu'un autre aurait aussi bien dit que toi, ne le dis pas, aussi bien écrit que toi, ne l'écris pas. Ne t'attache en toi qu'à ce que tu sens qui n'est nulle part ailleurs qu'en toi-même, et crée de toi, impatiemment ou patiemment, ah! le plus irremplaçable des êtres. »

André Gide

« En face du mal, en face du bien,
Ensemble,
Il n'y a que la vie,
Ensemble. »

Henry Bauchau

« C'est notre lumière et non pas notre obscurité qui nous effraie le plus. [...] En faisant scintiller notre lumière, nous offrons aux autres la possibilité d'en faire autant... »

Nelson Mandela

« Il y avait parmi les pharisiens un homme appelé Nicodème, qui était un chef des Juifs. Il vint de nuit vers Jésus et lui dit : Rabbi, nous savons tous que tu es un docteur venu de Dieu ; car personne ne peut faire ces miracles que tu fais, si Dieu n'est pas avec lui ; Jésus lui répondit : En vérité, en vérité, je te le dis, si un homme ne naît de nouveau, il ne peut voir le royaume de Dieu. Nicodème lui dit : Comment un homme peut-il naître quand il est vieux ? Peut-il rentrer dans le sein de sa mère et naître ? Jésus lui répondit : En vérité, en vérité, je te le dis, si un homme ne naît d'eau et d'Esprit, il ne peut entrer dans le royaume de Dieu. Ce qui est né de la chair est chair et ce qui est né de l'Esprit est esprit. Ne t'étonne pas que je t'aie dit : Il faut que vous naissiez de nouveau. Le vent souffle où il veut et tu en entends le bruit ; mais tu ne sais d'où il vient et où il va. »

Jean 3, 1-8

Dans le cœur de la nuit du monde, le vieux Nicodème vient voir Jésus de Nazareth. Il vient lui confesser sa foi. Jésus ne peut être un imposteur. Il ne peut faire ce qu'il fait sans l'onction divine. Dieu est avec lui. Jésus est bien un Emmanuel, Emmanuel signifiant « Dieu avec nous ». Il est bien le « Je Suis » dont parle Dieu dans le livre de l'Exode de la Bible, quand Dieu révèle son nom à Moïse en lui disant : « Mon nom est "Je Suis" et tu leur diras que "Je Suis" est avec eux. » Jésus explique pourquoi il est cet Emmanuel.

Dieu est Esprit. Il est souffle créateur qui envoie la Création dans son devenir. Il faut rentrer dans ce devenir. On y rentre en quittant son passé pour aller vers son avenir. L'Homme vient de l'avenir et pas simplement du passé. Nicodème qui reste ligoté à son passé ne comprend pas. Il a oublié que Dieu a fait naître Isaac de vieux parents : Abraham et Sarah. Dieu est l'avenir de l'Homme et pas simplement son passé. On comprend Dieu en naissant à cet avenir. On naît à cet avenir en plongeant non pas dans les eaux matricielles maternelles, mais dans les eaux inconscientes de l'inconscient divin que tout être humain recèle en lui. L'invisible divin qui est le cœur de l'avenir existe bien. Il est comme le vent que l'on ne voit pas, mais que l'on entend.

Paroles extraordinaires. Paroles de Vie. Paroles qui montrent que rien n'est ce que l'on croit. Tout être humain identifie le réel à ce qu'il voit. Il identifie également la vie au fait de naître de ses parents et de mourir, la vie allant de la naissance à la mort. Enfin, tout le monde identifie Dieu à une autorité politique ayant la figure d'un vieux Juge autoritaire. Personne ne pense que Dieu est Esprit. Le Christ retourne ces préjugés.

Nous croyons être nés. Nous ne sommes pas encore nés. Tant que nous ne sommes pas rentrés dans notre « Je Suis » fondamental, nous ne vivons pas. Nous sommes comme morts. Nous sommes des ombres, des fantômes. Le monde est plein de fantômes accrochés à leur passé, comme Nicodème. Il est plein de gens qui ne sont pas nés, tant ils vivent à l'extérieur d'eux-mêmes et de tout en identifiant le réel au visible. Le monde est plein d'ombres qui attendent tout d'un État, d'un pouvoir, d'une autorité archaïque. D'où des politiques de mort, des religions de mort ainsi qu'un immense désespoir. Ce texte nous sort de la mort et du désespoir.

Il nous invite à rentrer en nous-mêmes, à utiliser notre esprit. Utilisons notre esprit. Mettons-nous à vivre de l'intérieur. Passant de la mort à la vie, nous nous mettons à vivre en découvrant cet immense paradoxe. La vie ne va pas de la vie à la mort, mais de la mort à la vie. Socrate en a fait l'expérience. L'humanité dort quand elle n'a pas éveillé son âme. Elle ne vit pas. Elle se met à vivre, quand elle naît à elle-même. Elle naît à elle-même quand elle accouche de son âme. D'où l'action de Socrate pour aider l'humanité à vivre. Sa mère était sage-femme. Lui-même est devenu un accoucheur des âmes. Descartes a fait également cette expérience. En découvrant que l'Homme peut tout faire sauf nier la conscience qui est en lui, il a découvert que nous avons une filiation autre que celle de nos parents. Socrate. Descartes. Deux confirmations magnifiques du Christ. Un immense message d'espérance.

Nous nous lamentons de devoir mourir. Il n'y a pas à se lamenter. Nous n'allons pas vers la mort. Nous ne sommes pas encore nés. D'où la sagesse des Grecs. Souvenons-nous de l'inscription du temple de Delphes : « Connais-toi toi-même et tu connaîtras le secret de l'univers et des dieux. » Rien n'est plus important que de se connaître soi-même, dira Kierkegaard, qui fera écrire sur sa tombe : « Ici repose quelqu'un qui a cherché à être un individu. »

Il y a quelque chose d'unique, d'inouï, dans le cœur de chacun.

Bertrand Vergely est philosophe. Parmi ses nombreux ouvrages *Retour à l'émerveillement,* paru aux Éditions Albin Michel (2010).

Index des citations

Les nombres en gras et en italique renvoient aux pages où se trouvent les citations.

A

B

Ben Jelloun, Tahar, *Éloge de l'amitié*, Arléa, 1994. ***193***
Bensaid, Catherine, *Qui aime quand je t'aime ?*, Albin Michel, 2005. ***199***
Bergson, Henri, *L'Énergie spirituelle*, 1919. ***132-133***
Bernanos, Georges, *Dialogues des carmélites*, Le Seuil, 1949. ***111*** ; *Journal d'un curé de campagne*, Plon, 1936. ***20*** ; *La liberté pour quoi faire ?*, Gallimard, 1953. ***96*** ; *Les Enfants humiliés*, Gallimard, 1949. ***109-110***
Bernard de Clairvaux, *Sermons*, Le Cerf, 1996-2010. ***186***
Bianchi, Enzo, *Panorama*, avril 2009. ***156-157***
Blake, William, *Le Mariage du Ciel et de l'Enfer*, 1793, José Corti, 1942. ***191***
Bobin, Christian, *La Lumière du monde*, avec Lydie Dattas, Gallimard, 2001. ***19*** ; *L'Autre Visage*, Lettres vives, 1991. ***210*** ; *L'Éloignement du monde*, Lettres vives, 1993. ***79, 196*** ; *La Folle Allure*, Gallimard, 1995. ***154*** ; *La Plus que vive*, Lettres vives, 1996. ***90*** ; *Mozart et la pluie*, Lettres vives, 2002. ***198, 212*** ; *La Présence pure*, Le Temps qu'il fait, 1999. ***61, 189*** ; *Ressusciter*, Gallimard, 2001. ***47***
Bonnefoy, Yves, « Hier régnant désert », in *Poèmes*, Mercure de France, 1978. ***39***
Borges, Jorge Luis (attribué à), Poème « Instants », publié dans la revue mexicaine *Plural*. ***71-72***
Bosmans, Phil, *Soleils de joie*, Éd. du Signe, 2001. ***147-148***
Bouchet, Jean-René, *Si tu cherches Dieu*, Le Cerf, 2007. ***50***
Boudet, Paulette, *Ce combat n'est pas le tien*, Fayard, 1988. ***186***
Bourbon Busset, Jacques de, *Tu ne mourras pas*, Gallimard, 1978. ***209*** ; ***143***
Bousquet, Joë, *Œuvre romanesque complète*, Albin Michel, 4 t., 1979-1982. (*Le Livre heureux*) ***36, 176*** ; (*Il ne fait pas assez noir*) ***63***

C

Chouraqui, André, *Cantique pour Nathanaël*, Albin Michel, 1991. *44*
Chrétien, Jean-Louis, *La Joie spacieuse. Essai sur la dilation*, Minuit, 2007. ***131-132***
Cioran, Emil M., *Syllogismes de l'amertume*, Gallimard, 1976. ***49*** ; *De l'inconvénient d'être né*, Gallimard, 1973. *77*
Claudel, Paul, *Feuilles de saints*, Gallimard, 1925. ***185*** ; *Partage de Midi*, Gallimard, 1949. *43*
Claverie, Pierre, cité in Robert Masson, *Jusqu'au bout de la nuit, L'Église d'Algérie*, Le Cerf, 1998. ***185***
Cocteau, Jean, *Le Coq et l'Arlequin*, Stock, 1918. ***56*** ; *Les Monstres sacrés*, Gallimard, 1940. ***101***
Coelho, Paulo, *La Cinquième Montagne*, trad. F. Marchand-Sauvagnargues, Anne Carrière, 1998. ***110*** ; *L'Alchimiste*, trad. J. Orecchioni, Anne Carrière, 1988. ***114***
Comte-Sponville, André, *Petit traité des grandes vertus*, PUF, 1995. ***190, 204*** ; « De l'autre côté du désespoir ». *Introduction à la pensée de Pajnânpad*, Accarias-L'Originel, 1997. ***168-169***
Confucius, VIe siècle av. J.-C., *Les quatre livres de philosophie morale et politique de la Chine*, trad. G. Pauthier, 1841. ***183***
Cyrulnik, Boris, *Le Murmure des fantômes*, Odile Jacob, 2003. ***90***

D

Dalaï lama, *Conseils du cœur*, Pocket, 2003. ***151*** ; *L'Art du bonheur. Sagesse et sérénité au quotidien*, trad. A. Karachel, Robert Laffont, 1999. *127*
Daumal, René, *Poésie noire, poésie blanche*, Gallimard, 1954. ***81***

Davy, Marie-Madeleine, *Le Désert intérieur*, Albin Michel, 1985. ***51*** ; *Traversée en solitaire*, Albin Michel, 2004. ***36***
Delbrêl, Madeleine, *Nous autres, gens des rues*, Le Seuil, 1971. ***155***
Derrida, Jacques, *Le Monde des débats*, décembre 1999. ***161***
Desjardins, Arnaud, *Le Vedanta et l'inconscient*, La Table ronde, 1978. ***29***
Diderot, Denis, *Lettre sur les aveugles*, 1749. ***89***
Dôgen, Maître, *Trésor du Zen. Textes de Maître Dôgen*, Albin Michel, 2003. ***144, 150*** ; Shôbôgenzô de Maître Dôgen : *La Vraie Loi, Trésor de l'Œil*, trad. Y. Orimo, Sully. ***116***
Dürckheim, Karlfried Graf, *Le Centre de l'Être*, Albin Michel, 1992. ***91, 149-150***

E

Eliot, T. S., *Le Roc*, trad. libre, 1934. ***49***
Épictète, *Entretiens*, trad. J. Souilhé et A. Jagu, Les Belles Lettres, 1943-1965. ***58*** ; *Manuel*, trad. F. Thurot, 1899. ***37***

F

Ferrucci, Piero, *L'Art de la gentillesse*, Robert Laffont, 2007. ***190***
Follereau, Raoul, *Œuvres complètes. Les Appels*, Éd. Fondation Raoul Follereau, 2002. ***142***
Foucauld, Charles de, *Écrits spirituels*, J. de Gigord, 1925. ***92*** ; « Lettre à Marie de Bondy », décembre 1916 in *Lettres à Mme de Bondy*, Desclée de Brouwer, 1966. ***179***
Frossard, André, *Il y a un autre monde*, Fayard, 1976. ***124***

G

H

K

L

M

N

P

Q

R

S

T

Y

Z

Coran, trad. J. Berque, Albin Michel, 2002. ***123***
Klédze Hatal, chant navajo, in *Poèmes et chants des Indiens d'Amérique du Nord,* trad. Florence Delay et Jacques Roubaud, Le Seuil, 1988. ***21***
Quatre canons de l'empereur Jaune, dans *Lao-tseu,* trad. J. Levi, Albin Michel, 2009. ***106-107***

Remerciements

Je n'aurais jamais pu faire ce travail d'anthologie seule. Ce livre s'est écrit en cordée : pour qu'il soit un livre à vivre, qui ouvre des portes, creuse des sillons, sèche des larmes, élargisse le champ, estompe les peurs, adoucisse le cœur, j'ai demandé autour de moi à des amis ou à des relations de rendre hommage aux textes qui les ont éclairés ou aidés, à un moment de leur vie, à passer un cap. Ils ont fouillé dans leurs bibliothèques et en ont extrait des trésors. Pendant des mois, ils m'ont envoyé des citations ou des textes qui parlaient de leurs vies. Pour une anthologie incarnée.

Un grand merci à :

Thierry Ancel, Christophe André, Catherine Anquetil-Fattal, Lytta Basset, Béatrice Bécherel, Catherine Bensaid, Sophie Bourboulon, Pascal Bourrasseau, Thomas Bousquet, Fabienne Capot-Rey, Jacques Castermane, Arnaud Desjardins,

Jean-Pierre Desmottes, Ahmed Djouder, P. F., Dominique Fourment, Pascale Gaultier, Stéphanie Ghinéa, Agnès Glichitch, Père Alphonse et Rachel Goettmann, Jean-Paul Guetny, Marc et Sophie Guichard, Christophe Henning, Irina Ionesco, Thierry Janssen, Alexandre Jollien, Anne-Sophie Jouanneau, Agnès Lalle, Jean-Yves Leloup, Isabelle Maïa, Chantal Mamou-Mani, Gregorio Manzur, Didier Maury, Fabrice Midal, Anne et Géraldine Parisot, Catherine Pelanjon, Pénélope Puymirat, Jean-François Rod, Jacques Salomé, Pascale Senk, Jean-Louis Servan-Schreiber, Valérie Servant, Annick de Souzenelle, Mylène Sultan, Jenny Thorin, Bernard Ugeux, Florence Vangheluwe, Bertrand Vergely, Barbara Verhelst, Cyrille Vigneron, Mikaela Zyss.

Table

Du même auteur

La Bibliothèque idéale des amoureux, Librio, 2011.

L'Art de faire la paix, Marabout, 2010.

Guide spirituel des lieux de retraite, Albin Michel, 2009.

Changer le monde en se transformant, Le Relié, 2009.

Guide des lieux de retraite : les bonnes adresses pour se ressourcer, Librio, 2008.

La Société vue par les religions, Librio, 2008.

Béthanie ou l'Art de guérir, Presses de la Renaissance, 2006.

Le Courage de changer sa vie, Le Relié, 2003 ; Albin Michel, coll. « Espaces libres », 2004.

Éditions Albin Michel
22, rue Huyghens, 75014 Paris
www.albin-michel.fr

Impression :
Imprimerie Floch à Mayenne
en avril 2011

ISBN : 978-2-226-22095-0
N° d'édition : 18644/01
N° d'impression : 79420
Dépôt légal : mai 2011
Imprimé en France